hito*yume book

原理・原則が
わかる！
授業が
できる!!

国語授業を変える
「原理・原則」
I 説明文 編

編著者
明星大学
白石範孝

著者
江見みどり
駒形みゆき
田島亮一
野中太一

文溪堂

はじめに

　国語の授業は、曖昧模糊として、何を学び、何がわかったのか、何ができるようになったのか——が明確にされていません。

　読み手の感性やイメージによって読みが表出され、その読みは読者に委ねられ、理由も示されないまま「そういう読み方もあるね」ばかりが繰り返されます。

　何が正しいのか？　どこが違うのか？　何をどのように考えればいいのか？　……何もはっきりされないまま授業は終わってしまいます。

　だから子どもたちの中に曖昧さだけが残ってしまうのです。

　このような国語授業から脱却し、子どもたちが「わかった!」「できた!」という学びを得ることができ、そこで得た技術をさらに、他の文章の読みやさまざまな活動に活かすことのできる授業、そして、子どもたちの思考活動が伴った、「考える」授業を実現したいという思いから、私たちは「用語の習得活用」「方法の習得活用」「原理・原則の活用」を目指した授業づくりを提案してきました。

　これまでに上梓した『国語授業を変える「用語」』では、国語の授業において「用語」の活用とその重要性を、『国語授業を変える言語活動の「方法」』では、さまざまな活動の「方法」の具体とその活用を示してきました。

　そして今回、本書『国語授業を変える「原理・原則」』では、国語の「原理・原則」、つまりさまざまな「きまり」を活用し、問いを解決できる授業づくりを提案します。

子どもたちが学習に向かうとき、そこには「問い」が生まれます。その問いを解決していくことができれば、子どもたちは「なるほど!」「そうだったのか!」と納得のいく学習ができるはずです。私たちはこんな子どもの姿を目指しています。

　本書においては、授業の中で子どもたちがもつ「問い」を解決する手段としての「原理・原則」を明確にし、それをどのように活用するかを明らかにしました。

　これまでに出版してきました「用語」「方法」と併せて、本書の「原理・原則」を活用して、子どもが「わかった!」「できた!」という授業づくりを目指していただきたいと思います。

　本書に取り上げた「原理・原則」は国語教育の中では、まだまだほんの一部です。もっともっとあるはずです。これをきっかけに、国語の授業の中で「原理・原則」を意識した授業が行われ、もっと多くの「原理・原則」の活用につながれば……と願っています。

　皆様のご指導、ご意見をいただき、今後さらに改善していきたいと思います。

明星大学　白石 範孝

もくじ

はじめに……………………………………………………………………………2

「国語の原理・原則」とは何か……………………………………7
　「原理・原則」を使った実践授業………………………………………14

第1章　言葉に関係する原理・原則……………………19

　原理・原則1　時や季節を表す言葉に着目する………………………20
　原理・原則2　指示語に着目する…………………………………………24
　原理・原則3　接続語に着目する…………………………………………28
　原理・原則4　「は」と「が」の違いに着目する……………………32

執筆者座談会 1
授業で子どもたちに
　　原理・原則をどう教えるか………………………36

第2章　文に関係する原理・原則……41

原理・原則 5　複合語に着目する……………………42
原理・原則 6　「 」(かぎ括弧)に着目する…………48
原理・原則 7　文末表現に着目する…………………52
原理・原則 8　漢字、ひらがな、カタカナの
　　　　　　　使い分けに着目する……………………56
原理・原則 9　文のはたらき（要点）に着目する………60
原理・原則 10　題名に着目する………………………64
原理・原則 11　段落のまとまりに着目する……………68
原理・原則 12　表を使う………………………………72

執筆者座談会 2
今なぜ、国語の原理・原則を
　　　教えることが大切なのか…………78

第3章　文章に関係する原理・原則　　83

　　原理・原則 13　問いと答えに着目する……………………84
　　原理・原則 14　主語連鎖に着目する………………………88
　　原理・原則 15　順序に着目する……………………………94
　　原理・原則 16　繰り返しに着目する………………………98
　　原理・原則 17　比較に着目する……………………………102
　　原理・原則 18　文章構成図に着目する……………………108
　　原理・原則 19　具体と抽象に着目する……………………112

　資料　この本で取り上げた教材
　　トロッコ電車で行く黒部きょうこく……………………………116
　　アメンボはにん者か………………………………………………118
　　いろいろなふね……………………………………………………120
　　にせてだます………………………………………………………120
　　ムササビのひみつ…………………………………………………121
　　ほたるの一生………………………………………………………122
　　あきあかねの一生…………………………………………………123
　　花を見つける手がかり……………………………………………124
　　手で食べる、はしで食べる………………………………………125

おわりに……………………………………………………………126

「国語の原理・原則」とは何か

明星大学
白石 範孝

「原理・原則」とは、文章を読んだり書いたりするときに使うものさし・分度器です。

私たちはこれまで、国語の学習に必要な3つの柱として、「用語」「方法」「原理・原則」があることを主張してきました。

このうち、比較的イメージしやすい「用語」「方法」と比べて、「原理・原則」が何を表しているのかがいまひとつはっきりしないという声もありました。

「国語の原理・原則」とは、文章を読んだり、書いたりするときに使う、ものさしや分度器であるととらえています。

ものさしや分度器がなければ、私たちはものの長さや大きさ、あるいは線と線、面と面との関係について、「なんとなく大きい」「小さく見える」「大きく開いている」といった、漠然とした把握しかできません。また、その結果が正しいのかどうかもいまひとつはっきりしません。

説明文で、「筆者の主張は何か」といった課題がよくあります。ところが多くの授業で、どうしたら筆者の主張をとらえることができるのかが明らかにされていません。ですから、その授業、その教材文で「筆者の主張」をとらえることができたとしても、他の説明文についても筆者の主張をとらえる力がついたとはいえません。どんな説明文にも使えるものさしや分度器を持たせることができていないのです。

自分なりに段落分けをするときの子どもたちの苦労は、「仕方のないこと」なのでしょうか?

私が「国語の原理・原則」を強く意識するようになったのは、「タンポポのちえ」という説明文の段落分けを授業で行ったとき

でした。

　子どもたちに段落分けをさせると、いろいろな分け方が出てきてしまいます。しかも、子どもたちは「自分なりに」文章を読み、「自分なりに」考えて段落に分けているわけですから、なかなか授業は収束しません。

　こういったことは、何も初めてのことではなく、それまでもよくあることでした。何度も繰り返される苦労でしたが、国語とはそういうものなのだ、仕方のないことだと、半ばあきらめていました。

　しかしこの「タンポポのちえ」の授業のとき、私はふと「本当に仕方のないことなのだろうか？」と考えました。もし、段落分けのための明確な基準があって、その基準を身につけることさえできれば、こんな苦労をしなくてもいいのではないか……と思ったのです。そこで改めて「タンポポのちえ」の教材研究を行ったときに見えてきたのが、「主語連鎖」です。各形式段落の主語を見ていくと、この説明文の段落分けが明確にわかったのです。

　「主語連鎖に着目すると、意味段落をとらえることができる」ということを子どもたちに伝えると、「タンポポのちえ」の段落分けに全員が納得するだけでなく、ほかの説明文の段落分けを行うときでも、今までのように悩む必要がなくなったのです。

　もちろん、「文章」はさまざまな書き手が、さまざまな考えをもって書いています。すべての文章について「絶対にこの方法で段落分けをすることができる」といった法則のようなものはありません。しかし、この「主語連鎖」のように、多くの文章に当てはめることのできる事柄があります。つまりそれが「原理・原則」なのです。

これからの子どもたちに必要となる汎用的能力を身につけさせるためには「教材で教える」ことが必要です。

　「国語の原理・原則」は、最近になって急に私が発見したわけではありません。例えば、「文章中に逆説の接続詞があったら、その接続詞のあとに書かれていることが重要」といった原理・原則は、ずっと以前から知られていました。多くの研究者たちが、さまざまな原理・原則を見いだしてきています。

　しかし、それが学校教育における国語の現場に活かされてこなかったのが実情だと思います。

　何度も言われていることですが、「教材を教えるのか、教材で教えるのか」という議論があります。「教材を教える国語の授業」が長く続いてきた結果、どの教材にも当てはめることのできる「原理・原則」の必要性があまり感じられなかったのかもしれません。

　しかし、さまざまな分野で大きな変化が続き、しかもその変化のスピードが加速度的に増している現代社会やこれからの世界を生きていく子どもたちにとって必要なのは、どんな文章に出会ったときにも使える力、汎用的な能力です。それこそまさに、「教材で教える授業」で身につける、「国語の原理・原則」ではないのでしょうか。

　現在多くの学校教育の現場で、「全国学力・学習状況調査」対策、とりわけＢ問題対策に先生方が翻弄されています。学校によっては、少しでも点数を上げるため、学力調査の実施日が近づくと、一生懸命、過去問題に取り組ませているところさえある……と聞きます。

　しかし、残念ながらそういった取り組みで、Ｂ問題の点数が抜本的によくなることはないでしょう。Ｂ問題の点数が伸び悩んでいることの原因は、問題に対する「慣れ」や「知識」の不足にあるのではなく、問題に答えるための「術（すべ）」を子どもたちがもっていないことにあるからなのです。

B問題を解くために必要な力とは、B問題の「問題文」を正しく読み取る力です。問題文を正確に読むことさえできれば、「正解」を導き出すことはさほど難しくありません。
　ではなぜB問題の正答率が低いのかといえば、初めて読む文章を読み取る力、汎用性のある読みの力がついていないからではないでしょうか。
　子どもたちが「国語の原理・原則」を理解し、身につけることができれば、B問題のような初めて見る文章・問題に出会ったときにもあわてることなく、「なんだ、こう答えればいいんじゃないか。だって、○○なんだもん」と考えることができるはずです。
　もちろん「国語の原理・原則」を身につけることの目的は、テストの点数を高くすることではありません。「文章を正しく読み取る」ためです。原理・原則を身につけることができれば、テストだけでなくさまざまな場面で、子どもたちの知的な生活がより豊かなものとなっていくはずです。

アクティブ・ラーニング的な学習を行うためには、子どもたちが「用語」「方法」「原理・原則」を身につけていることが前提となります。

　アクティブ・ラーニングや問題解決学習が話題になっています。
　アクティブ・ラーニングとは、学び手である子どもたち自身が課題に主体的に取り組むことによって問題を解決し、そこから学びを得ていく学習のあり方です。そのこと自体は価値のあることだと思いますし、教えられたことを覚えるだけのいわゆる記憶力中心の学力観から脱するという点でも意味のあることだと思います。
　しかし、すでに多くの方に指摘されている通り、アクティブ・ラーニング的な学びの必要性は、戦後教育の当初から語られてきた

ことであり、「アクティブ・ラーニング」という用語こそ使われなかったものの、同様の取り組みは何度も繰り返されてきました。

ではなぜ、その「アクティブ・ラーニング的な学習方法」が、いまだに定着していないのでしょうか。

もちろん、その原因を単純化してとらえることは避けなければなりません。さまざまな原因、理由が絡み合っているからこそ、これまで幾人もの方々が取り組んできたにもかかわらず、明確な成果に結びつけることができなかったととらえるべきでしょう。

ただ、少なくとも国語における原因の1つに、国語の基礎・基本である「用語」「方法」「原理・原則」が明確にされてこなかったことがあると考えています。

前述のように、「筆者の主張」を明らかにしようとしても、子どもによって考え方がばらばらで、なかなか意見が収束しないことは珍しくありません。さらに、たとえ意見がまとまったとしても、本当にそれが正しいとは限りません。

こういったことが起こるのは、子どもたちが筆者の考えを読み取るための共通の方法や基準をもっていないからです。個々の子どもが「自分なりの方法」で読み取ったり、「なんとなく」という曖昧な基準で判断したりしているからです。

問題解決学習についても同様のことが言えます。「解決のために使える原理・原則」を明確に示さないまま「問題」を示したところで、本当の意味での「解決」はできないでしょう。

教師が与える課題ではなく、子どもたちから生まれる「ズレ」の解決こそが子どもたちの力を育てる問題解決学習です。

本書では、「国語の原理・原則」を学ぶ授業について、「原理・原則」以外にもう一つの提案を行っています。

「子どもの中のズレ」を活かした授業です。

「問題解決学習」といった場合の「問題」とは、教師が与える問題・課題を指していることが多いようです。

　確かに実際の授業では、教師が何らかの問題・課題を提示することによって学習がスタートすることが多いでしょう。

　しかし、この問題・課題は、子どもたちからとってみれば一方的に与えられたものです。自分の中からわき出たものではありません。どうしても「解決したい」という意欲よりも、「その問題に対する正解」は何だろうという、正解探しの意識のほうが高くなってしまいます。こういった状況では、汎用性のある力、原理・原則を学ぶことにはなかなかつながっていきません。

　そこで本書では、教師が与えた問題・課題を子どもたちが解決しようとしたときに、子どもたち自身の中に、あるいは、子どもたち同士の間に生じる「どうしてなんだろう」「何か違うんじゃないかな」といった意識の「ズレ」を重視しています。子どもたちにズレを生じさせることで、子どもたち自身の中に「ズレを解消するためにはどうしたらいいんだろう」という内発的な問題解決の意欲を高め、その問題解決のために使える原理・原則を学ぶ……という形になっています。

　繰り返しになりますが、「国語の原理・原則」とは、「法則」や「ルール」のように固定化されたものではありません。同じ課題を解決するために使える「原理・原則」が複数ある場合もあります。状況に応じてさまざまな「原理・原則」を使い分け、使いこなす力も、これからの時代を生きていく子どもたちにとって、大きな力となるはずです。

「国語の原理・原則」とは何か
原理・原則を使った実践授業

協力　明星学苑明星小学校

「原理・原則」を与えることによって論点が整理されるだけでなく子どもたちが授業に積極的に参加するようになる
――6年生の説明文「生き物はつながりの中に」の授業――

　はじめに、前時の学習を振り返ります。
　前時は「全体を3つに分ける」ことに取り組みましたが、どのように分けるかいろいろな意見が子どもたちから出て、まとまりませんでした。
　本時は子どもたちに、こんなときに使える原理・原則を示し、問いの解決に向かいます。

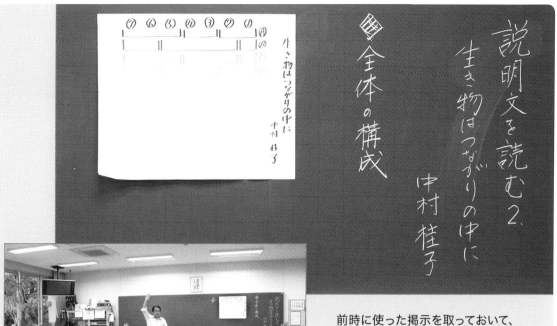

前時に使った掲示を取っておいて、そのまま使います。前時は大きく4種類の分け方が子どもたちから出てきていたことが、わかります。

板書の際、次時以降も使うな……というものに関しては、このように模造紙に書いておくと、続けて使うことができます。

もちろん、模造紙に書くからといって必要以上に丁寧に書く必要はありません。

そこで、題名をもとに新たな問いを子どもたちにもたせることにしました。

「問いと答え」に着目することによって文章を意味段落に分けることができるからです。

原理・原則を与えるまでの子どもたちは、「自分なりの根拠」を示しながら、自分の考えを説明していました。しかし、それぞれが「自分なり」の根拠をいくら挙げても、やはり議論はかみ合いません。またその根拠もどうしても弱いものになってしまいがち。自分で説明しつつも、どこか自信がもてないような様子も見受けられました。

「問いと答えに着目する」という原理・原則を与えると、子どもたちは課題に答えるために自分は何をすればいいのか、何をする必要があるのかということがはっきりします。

そのため、それまでのモヤモヤ感が払拭され、授業への取り組みも積極的になります。

子どもたちに原理・原則を与えるということは、単にテクニックを身につけさせるのではなく、子どもたちの授業への取り組み方を変えることにもつながるのです。

中村 桂子「生き物はつながりの中に」光村図書「国語」平成 27 年度 6 年　☞ 本文 p103～105 参照

必要以上に内容に踏み込むことを避け
文章の「形」に気づかせ
文章全体をとらえさせることができる。

―― 3年生の説明文「たんぽぽのちえ」の授業 ――

どんな授業でも、授業の冒頭では必ず全員で音読。それも、ただ漫然と読ませるのではなく、読んでいる様子を観察しきちんと指導することが大切です。

説明文「たんぽぽのちえ」の授業です。前時に形式段落を確認しましたので、その続きです。

子どもたちに出した課題は「まとまりはいくつ？」。この文章をいくつのまとまりに分けることができるかというものです。

そこで子どもたちに「ちえ」はどこに書いてあるのかをたずねてみると、なんと、すべての段落に「ちえ」が書いてあると言い出しました。「ちえ」の内容と、その理由とを混同してしまっているようです。そこで、「ちえ」の内容と理由を丁寧に読み分けていきます。

「ちえ」の内容と理由を整理すると、主語連鎖が見えてきます。これで、意味段落がいくつになるのかがはっきりしてきました。

3年生の授業ですが、文章に書かれている内容を読み取るというより、文章の「形」を読み解くことによって、文章全体をとらえる授業とすることができました。

うえむら　としお「たんぽぽのちえ」光村図書「こくご」平成27年度2年上　本文 p92, 93 参照

第一章

言葉に関係する原理・原則

文章の役割を定義するために

原理・原則 ①

時や季節を表す言葉に着目する

「時や季節を表す言葉」とは……

「時や季節を表す言葉」には、時間的表現と時間的描写とがあります。ほとんどの文章では、時間的表現と時間的描写が書かれています。特に、時間的描写とは、物理的な時間の量を表しているのではなく、空間的・心情的な間や余韻をつくります。「月夜のみみずく」の一節に、次のような叙述があります。

「一分間だろうか　三分間だったろうか　ああもう百分くらいに思えた」
この「一分間だろうか」は、物理的な一分間とは違います。実際の一分間を表しているよりも、「ああ百分くらいに思えた」というほど、長く感じた心情や様子を表しています。

「冬の夜ふけのことでした」という季節を表す表現では、場面の静けさと同時に寂しさも表現しています。ですから、時間的描写とは、場面の設定や様子まで表してしまいます。

また、時間の変化を考えるときにはその物語の時間を現在と考えて、そこから見た時に過去なのかそれとも未来なのかを考えることも大切です。

「時や季節を表す言葉」に着目することによって解決できること

時間的表現を解き明かすことができる

・１日の時間帯…朝、昼、晩、夕方、午前中、午後、具体的な時間　など
・１日単位の時間…今日、昨日、明日　など
・季節や時季…春、夏、秋、冬、正月、夏休み　など
・時間の経過…１年前、しばらくたって　など

時間的描写を解き明かすことができる

・人物の心情を解き明かす
　「その次の市の日にも、…その次も、またその次も」
　（「わらぐつの中の神さま」で、大工さんのおみつさんを慕う心情。）
・場面の情景を解き明かす
　「秋の日が、美しくかがやいていました。」
　（「大造じいさんとガン」で、残雪と大造じいさんとの戦いの臨場感。）

実践事例

時や季節を表す言葉に着目して「トロッコ電車で行く黒部きょうこく」を読む

横溝英一（学校図書「小学校国語」平成27年度5年下☞ 教材文 p.116, 117）

教材の特徴

- **挿絵と写真がページ全体の半分近くを占めている**

  挿絵を多用することで、黒部きょうこくの様子をわかりやすく伝えています。それぞれの写真・挿絵と文章を対応させて読むことが、大事な指導になります。

- **問いと答えにより、説明したい事柄を明確にしている**

  ❸段落に2つの問いがあります。大きな問いを受けて文章を書き進める説明文の展開とは異なっているので注意が必要です。

- **紀行文特有の文章展開・構成（旅行の行程に沿った展開、挿絵・写真資料）となっている**

  挿絵や写真を追うことで、筆者の見ている景色を共有することができますが、この電車の歴史や構造、観光鉄道として有名なトロッコ電車についても説明しています。

  特に、いちばん紹介したいところには、大きな写真を使っています。第⓱段落に黒部きょうこく鉄道で風景の美しさを楽しんでほしいという筆者の願いが表されています。

教師が与える課題

挿絵や写真を並び替えて、旅人になってこの旅を説明しよう。

 挿絵や写真はどれも語り手が見た風景だから、全部を並べるよ。

ズレ

 並べなくていいものもあるんじゃないかしら……。

ズレから生まれた、子どもたちの「問い」

この挿絵や写真は全部、語り手が、この旅で本当に目撃したものなのかな？

 **ここで原理・原則！**

時や季節を表す言葉を探してごらん。

時や季節を表す言葉を探すことで、挿絵や写真の事実を解決することができる。時や季節を表す言葉は、時の順序を表しているだけなく、挿絵や写真の順序の整合性を明らかにするためにも、重要な役割をもっている。その整合性を明らかにすることで、紀行文の定義や役割を理解することができる。

挿絵を並び替えて、まとまりに分けて、紀行文を定義する

この教材文に添えられている10枚の挿絵や写真を提示し、並び替えさせます。それをもとに紀行文のあらすじを説明させ、それぞれの挿絵や写真に対応する形式段落を当てはめさせます。

これらの活動を通して、紀行文とはどんな文章なのかを話し合い、定義させると、次のようなものが出てきます。

《この段階で子どもたちから出てくる紀行文の定義》

> 旅人がその紹介したい場所について、旅の途中に自分で実際に見たり、聞いたりしたことを紹介した文章である。

問いのズレを引き出すことで、紀行文の役割を理解する

しかし、この定義は紀行文の定義としては不十分なものです。

そこで、次のような問いを投げかけることで、子どもたちの思考からズレを引き出します。

《思考のズレを引き出す問い》

> 最後の写真(トロッコ電車が鉄橋を渡っている写真)は、筆者が、この旅で実際に目撃した写真なのでしょうか?

このトロッコ電車が鉄橋を渡っている写真は、空から撮影した航空写真ですが、周りの風景は秋の紅葉シーズンです。筆者である旅人の横溝さんが旅した季節は夏ですから、どう見ても、この旅で見た景色とは言い難い写真であり、その矛盾を問いにしたのです。この問いで、この写真が初めの紀行文の定義の中の「自分で実際に見たり、聞いたりしたこと」とズレが生じます。

このズレによって揺さぶられた子どもたちからは、次のような意見が出てくるでしょう。

《「実際に見た」と主張する子どもの意見》

- この旅は、トロッコ電車で始まり、トロッコ電車で終わる旅なので、筆者はトロッコ電車から見ているはず。
- 風景は空から見た景色だけど、旅をしている人は、トロッコ電車からの景色を見ているのだと思う。

《「実際には見ていない」と主張する子どもの意見》

- もし見ていたら、紅葉の季節の写真ではないはず。
- この写真は、空から撮影した写真だし、この景色がトロッコ電車から見えたとしても、秋の自然が見えることはないと思う。

ズレを解決するために、時や季節を表す言葉に着目させる

時や季節を表す言葉に着目すると、筆者が見たことなのかどうかがわかる。

この文章には、時や季節を表す言葉として、次のようなものが出てきます。

> 「夏だというのに、山の上の方にはまだ雪が白く残っています。」
> 「大正時代(1920年ごろ)、ここに水力発電所を造ろうと……」
> 「その後、……工事に取りかかったのです。」
> 「現在も、発電所やダムのための仕事は続けられ、……」

「夏だというのに」とあるように、この旅は夏の旅であることがわかります。そのため、夏の新緑は目撃していますが、秋の紅葉は目撃してはいないはずです。この季節を表す言葉によって、この問いの解決を図ることができます。

ここで扱いたいことは、目撃したことばかりが書かれているのではないことです。別のことも書かれているのではないかという予想が生まれます。

《思考のズレから生まれた新たな問い》

> 紀行文とは、筆者がこの旅で実際に目撃した以外にどんなことが書かれているのだろうか？

そこで改めて、筆者が目撃したこと以外にどんなことが書いてあるのか、目撃したこと以外を説明している写真や挿絵がほかにないかを投げかけます。

ここで注目させたい挿絵は、トロッコ電車が通るトンネルの大きさを説明している挿絵です。この挿絵は、今までの紀行文の定義からすると、異なる内容です。次のような子どもの反応が予想されます。

- この挿絵は、電車の大きさを説明している。
- これは、トロッコ電車が通るトンネルの大きさを説明している挿絵だ。
- トロッコ電車が通るトンネルがいかに小さなトンネルなのかの説明だ。
- 狭く険しい黒部峡谷なので、小さなトンネルしか掘れないし、トロッコ電車しか通れないという説明だ。

さらに工事をしている人がトロッコ電車に乗り込んでいるところの挿絵も取り上げます。

この場面も目撃してはいません。工事をしていたのは、昔の出来事です。過去の工事の歴史を説明しているのです。その問いを解決するにも、時を表す言葉に着目することが重要です。

ここで、❶段落と❶段落から時を表す言葉を探すと、次のようなものが見つかります。

>「大正時代、ここに水力発電所を造ろうと考えた人がいて、……」
>「その後、……大規模なダムや発電所を造る工事に取りかかったのです。」
>「現在も、発電所やダムのための仕事は続けられ、……、ここで仕事をしている人たちを乗せて行き来したりして、いつもいそがしく走っています。」

ここで大切にしたい考えは、この挿絵は大正時代から工事が始まって、現在まで工事が続けられていることを説明するためのものであって、目撃したものではない――というものです。

特に、「大正時代」と「その後」と「現在」という時を表す言葉がつながっていることで、工事の歴史を説明していることがわかってきます。

これらのことを踏まえて、この紀行文では、筆者である旅人が実際に見たり、聞いたりしたこと以外にどのようなことが書かれているのかを挙げさせると、次のようなものが出てくるでしょう。

- 昔の歴史のことや、現在の仕事の様子や鉄道の役割も説明しています。
- 立山連ぽうと白馬連ぽうの間に深くきざまれた大けいこくという説明もあります。

子どもたちは初め、紀行文とは、旅人が紹介したい場所について、自分で実際に見たり、聞いたりしたことを紹介した文章だと考えましたが、それだけではないことが読み手にようやく落ちます。

紀行文には、その土地の歴史を紹介したり、現在の役割を説明したり、どんな地形なのかも説明したりして、いろいろな情報を伝える役割ももっていることに気づくのです。

最後に改めて紀行文とは何かを定義すると、次のようになります。

> 紀行文とは、旅人がその紹介したい場所について、旅の途中に自分で実際に見たり、聞いたりしたことだけではなく、その歴史や役割や地理、観光なども紹介した文章である。

内容を明確にするために

原理・原則 2

指示語に着目する

「指示語」とは……

物事を指し示す言葉は「こそあど言葉」として、3年生の教科書で取り上げられています。品詞としては、代名詞・形容動詞・副詞・連体詞に当たります。

		物事	場所	方向	様子
こ	自分に近い	これ この	ここ	こちら こっち	こんな こう
そ	相手に近い	それ その	そこ	そちら そっち	そんな そう
あ	どちらからも離れている	あれ あの	あそこ	あちら あっち	あんな ああいった
ど	はっきり決められない	どれ どの	どこ	どちら どっち	どんな どう

　身の回りの物を指し示すだけではなく、文脈の中で言葉や事柄を指し示します。指示語により、同じ内容を繰り返すことがさけられます。
　文脈の中で、指し示す事柄を正しくとらえ、もとの言葉と置き換えて理解することが読む力として必要になります。

「指示語」に着目することよって解決できること

筆者が説明していることを読み取ることができる

　指示語が指し示す内容を明確にすることで、筆者が説明していることを正しく読み取ることができます。

まとめと全体とのつながりをとらえることができる

　まとめの段落では、指示語によりまとめている内容を対応させることで、まとめ（筆者の考え）と文章全体とのつながりをつかむことができます。

実践事例

指示語に着目して「アメンボはにん者か」を読む

日高敏隆（学校図書「小学校国語」平成27年度 4年上 ☞ 教材文 p.118, 119）

教材の特徴

● 途中で話題を転換している

・アメンボが水面を進むさまを「にん者」にたとえて読者の興味をひいています。
・まず、アメンボが水面に浮かんで走ることができる理由を説明し、その後「ところで」により話題を転換して、水面で暮らす必要性、自然環境を大切にしようという主張へと文章を展開しています。
・指示語を多用し、写真と対応させながら、「表面張力」の説明をしています。
・身の回りの物を使った実験でわかりやすく説明しています。

教師が与える課題

アメンボは、にん者だと思うかな。

違うと思う。アメンボは虫だからなれない。

手品みたいに何かしかけがあると思う。

ズレ

にん者みたいという意味でしょ。

ズレから生まれた、子どもたちの「問い」

筆者は、どうして「にん者か」と言ったのだろう。

ここで原理・原則！

指示語に着目して読むと、筆者のねらいがわかるよ。

アメンボを「にん者」にたとえたわけを読む

「題名で『アメンボはにん者か』と筆者は問いかけています。そうだと思いますか。」という問いを、子どもたちに投げかけると、
「違うと思う。アメンボは虫だから、にん者にはなれないと思う。」
「何かしかけがあると思う。」
「にん者だと思う。水面を走るから、にん者みたいという意味だから。」
といったズレが生じます。

❶段落を読むと、水面にうかぶアメンボの不思議をにん者と表現したことがわかります。子どもは、時代劇のことはあまりわからなくても「にん者」は、超人的な動きをする魅力的な存在であることはイメージできるでしょう。水面を走れたら……と、題名から、文章のはじめへと読み手を引き込む工夫がされています。

ここで、「にん者みたい」なアメンボの特徴をおさえます。
・水面に軽々とうく。
・すいすいと走る。

これが、❷段落の問いの文の「あんなにうまく」につながります。そして「どうしてアメンボは、あんなにうまく水面にうかんで走ることができるのでしょうか。」という新たな問いが生まれます。

文章全体のまとまりをとらえる

「問いの答えを読むために文章全体のまとまりを考えましょう。そうすると、どこを詳しく読めばよいかわかりますね。」
「『にん者』という言葉も見つけましょう。どの段落で見つかりますか。」
と子どもたちに投げかけてみます。

段落（意味段落）ごとのまとまりは、次のようになります。〈中〉の部分が、〈中1〉と〈中2〉に分かれているといっていいでしょう。アメンボが水にうかぶことができるしくみについて説明していた〈中1〉に対して、〈中2〉では、どうしてアメンボが水にうかぶ必要があるのか、その理由が述べられており、こちらが筆者の主張につながるという全体の構成がつかめます。文章の〈終わり〉から、筆者の主張は、「このすばらしいしくみをもっている生き物が元気にくらしていけるかんきょうを、みんなで大切にしたい」であるとわかります。「にん者のよう」というアメンボのひみつは、⓫段落までを詳しく読めばよいと確認します。

〈はじめ〉	❶		アメンボの紹介「にん者のよう」
〈中1〉	❷	問い1	
	❸	水面にうかぶ・水面を走る	写真のふしぎなかげ
	❹		〃
	❺		〃
	❻		どうして水面がくぼむのか
	❼		表面張力の説明
	❽		〃
	❾		「にん者のように」うかぶ
	❿		「にん者のように」走る
	⓫		〃
〈中2〉	⓬	ところで	問い2
	⓭	食べ物	水の上のくらしと食べ物
	⓮		〃
	⓯		〃
	⓰		はり金のアメンボの実験
	⓱		〃
	⓲		うかぶことのできない水
〈終わり〉	⓳		かんきょうを大切に

指示語に着目して「にん者のような」アメンボのひみつを読む

アメンボが水面にうかんで走る「ひみつ」は、問いの中の言葉「うかんで走る」を「うかんで」と「走る」に分けて説明しています。

＜うかぶひみつを読み取る＞

❸段落から❽段落までの表面張力の説明から、❾段落で「にん者のように立っていられるのも、同じ理くつです」と、うかぶわけを説明しています。

説明に、指示語がつかわれています。

> ❸段落…「このように」
> ❹段落…「これは」
> ❺段落…「それは」
> ❻段落…「そのはりを」「このくぼんだ水面が」「このときにはたらく力」

これらの言葉が、何を指し示しているのかをまとめながら、「表面張力」は、どんな力かをまとめます。

＜走るひみつを読み取る＞

❿⓫段落の水面を「走る」ひみつの説明も指示語に注意して読みます。

> ❿段落…「しかし、これだけでは」
> →「これ」を❾段落の文の終わりを体言にして置き換え、「水の表面張力によって、アメンボは水面にうかぶということだけでは、」ととらえます。

> ⓫段落…「アメンボの足は六本ありますが、そのうち二本の前足と二本の後足で水面に立ち、のこりの二本の中足の先をうまく使って動いています。」
> →6本の足のはたらきを、前足、後足、中足に分けて取り出すと、足にはそれぞれに役目があり、中足のはたらきが、水面を走る「ひみつ」であることがわかります。

ここで、「水面に浮かぶひみつと走る秘密をあわせて『にん者のような』アメンボのひみつをまとめましょう。」と投げかけます。

（アメンボが水面で生活する理由・環境との関係についての読みの学習は省略。）

筆者の考えを読む

筆者が、「アメンボはにん者か」という題名をつけた理由を改めて考えます。すると、アメンボを「このすばらしいしくみをもっている生き物」と評していることに気づきます。それも「見かけるたび」というのですから、筆者の思いは強いといえます。

 **指示語に着目すると筆者のねらいがわかる。**

「このすばらしいしくみ」の「この」によって、「すばらしいしくみ」が強調されています。これが筆者の主張につながっていると考えられます。したがって筆者の主張は、「このすばらしいしくみをもっている生き物が元気にくらしていけるかんきょうを、みんなで大切にしたい」ということであるとわかります。

最後に筆者の主張を考えながら、「このすばらしいしくみ」とはどんなしくみなのかをまとめます。

また、題名にもどり、読者としてそれぞれに自分の考えをまとめます。

　例）にん者といわれる秘密を中心にまとめて書く。
　例）環境が守られることとアメンボがにん者でいられることを関係づけて感想を書く。

論理展開をつかむために

原理・原則 3

接続語に着目する

「接続語」とは……

　文章は、筆者の思考の流れに沿って、展開されています。筆者の考えに沿って内容のまとまりごとに段落は形成されます。論理展開をわかりやすく示すために接続語が使われています。ですから、論理展開を示す語句を追うことにより、内容や筆者の考えをとらえやすくなります。接続語には、決まったはたらきがあるので、段落のはじめにあるときは、その段落の内容のガイド役になります。

- 話題を起こす……「まず」「はじめに」「さて」
- 順序を示す………「まず」「次に」「最後に」
- 列挙を示す………「また」「第二に」「つぎに」「このほかに」「また」
「あるいは」
- 具体を示す………「たとえば」
- 理由を示す………「だから」
- 話題を広げる・展開することを示す……
「しかし」「ところで」「では」「それでは」「さらに」
- まとめを示す……「おわりに」「こうして」「このように」

「接続語」に着目することによって解決できること

文章構成や論理展開をつかむことができる

　文章の構成や段落のつながりをつかむことができます。段落のはたらきをつかむ手がかりになります。
　筆者の論理展開を追うための目印になります。
　文章と同じ展開方法を使って、事例を書いたり、文章を構成したりすることができます。

実践事例

接続語に着目して
「想像力のスイッチを入れよう」を読む

下村健一（光村図書「国語」平成 27 年度 5 年）

教材の特徴

● 各段落のはじめの言葉により、その段落のはたらき・内容が予想できる

　段落のはじめに指示語・接続語が多く見られます。各段落のはじめの言葉により、その段落のはたらき・内容が予想できます。

　文章全体の構成をつかみやすくなり、「どのようにスイッチを入れるのか」「どうして、スイッチを入れようと筆者は主張するのか」をとらえ、読者を説得する述べ方を知ることができます。

教師が与える課題

段落の順番を入れ替えた文章を示す。

 文章の正しい順番はどれかな？

ズレ

 〈はじめ〉〈中〉〈終わり〉は、どこで区切れるのかな。

ズレから生まれた、子どもたちの「問い」

筆者は、どんな順序で文章を書いた（構成した）のだろう？「想像力のスイッチ」はどのように入れるのだろう？

ここで原理・原則！

接続語に着目して考えてみよう。

段落のつながり、文章展開を意識して読む

　段落順を入れ替えた文章を提示します。
　すると、子どもたちから「この文章は、何か変だ。ちゃんとした文章の順にしたい。」という反応が得られます。そこで、複数のメンバーで話し合って、文章を整える学習活動をします。
　子どもたちは、段落ごとにカードを切り離して並べ替えようとしますが、段落数が16もあるので、困ってしまうでしょう。
　そこで、まず、大きなまとまりを作らせます。
　2つのパターンがあります。
1）〈はじめ〉〈中〉〈終わり〉の3つの区切りに分ける。
2）事例ごとに段落を集める。
　　例　マラソン大会、図形、サッカーの監督
　　（段落の順序が整ってくると、ここで見つけたまとまりが見えにくくなってしまうので、余白にメモしたり、台紙を使ったりという、つけたタイトルを残す工夫をしておきたい。）

　また、次のように、確実につながるところをテープでつなげて、16枚のカードの数を減らそうとします。

　ここで、まず大切なのは、……。この報道の中で、「Aさんは、報道陣をさけるためか、うら口から……

　しかし、こんな新聞記事も出たとしよう。
　「Aさんは、来月から予定していた外国での仕事を……

　このように、同じ出来事でも、何を大切と思うかによって、発信する内容がずいぶんちがってくる。

　これは、学校や家庭での会話だけで起こることではない。……それぞれのメディアは、大事だと思う側面を切り取って……。

　結局、サッカーチームの次の監督には、別の人が選ばれた。Aさんは関係なかったのである。

　もちろん、この報道は、実際の出来事ではない。しかし、このように、思いこみや推測によって……実際に起こりうるのだ。

　学校のマラソン大会で、……。
　「前回より、五位も下がってしまいました。」

　しかし、先生は……。
　「でも、三十秒もタイムがちぢまっていますよ。」

　並べ替えながら、段落のはじめの言葉や繰り返し出てくる言葉に着目して、つながりを見つけようとします。この手がかりになる言葉には、マーカーで印をつける様子も見られるでしょう。
・「これは、」
…前の段落に関連することが出ている。
・「このような思いこみ」
…「思いこみ」が繰り返されている。

・「しかし、」
…この言葉をはさんで、前後に反対の事柄がある。書き手の伝えたい事柄は、「しかし」の後の部分である。

「まず…」「次に…」「最後に、…」など順序を表す言葉に着目することで、前後がわかります。

段落のつながりを見極めようと、子どもたちは、手がかりになる言葉を探って読み進めます。次の活動につなぐためにどの言葉に着目したかがわかるようにしておきます。

「接続語」から段落のつながりを考えて、筆者の論述展開をつかむ

題名にある「想像力のスイッチを入れよう」とは、どのようにすれば、スイッチが入ると筆者は述べているのでしょう。

❻段落に注目すると「『想像力のスイッチ』を入れてみることが大切なのである。」とあります。ここまでは、「大切さ」について書かれているわけです。スイッチを入れる方法については、❼段落以降に述べられています。

接続語に着目すると、論理展開をつかむことができる。

❽段落…「ここで、まず大切なのは、」
⓫段落…「次に大切なのは、」
⓬段落…「最後に、いちばん大切なのは、」

筆者は、「想像力のスイッチ」を入れる方法を説明する具体例として、サッカーチームの新しい監督についての報道を取り上げています。

文章全体を見ると、次のような展開になっていることがわかります。

〈はじめ〉…「想像力のスイッチ」を入れる大切さ（事例：学校のマラソン大会、図形の切り取り）
〈中〉………「想像力のスイッチ」を入れるために大切なこと（事例：サッカーチームの新監督）

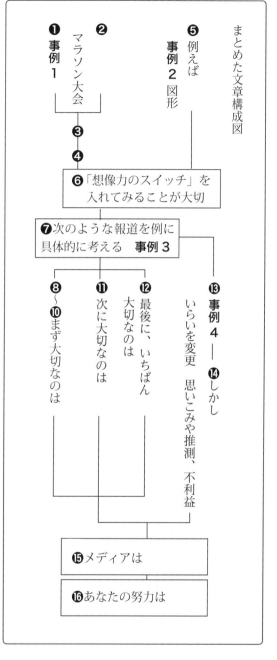

〈終わり〉… 思いこみを防ぐ努力が必要、全体を見て判断できる人間

さらに⓰段落を詳しく読み、筆者の考えをまとめ、それに対する自分の考えをまとめる学習へと進めます。

話題の中心を読み取るために

原理・原則 4

「は」と「が」の違いに着目する

「は」と「が」の違いとは……

【副助詞「は」】
　副助詞は、語と語の関係を示しつつ、特別な意味を添えるはたらきをします。副助詞「は」は、他と区別して言う意味を示し、「題目」のはたらきをします。話のテーマを明示し、これから何について述べるのかを明らかにします。主に判断文で用いられ、強調、類推、限定、添加、程度、並列、例示などの意味を文に付け加え、修飾語、述語などを強く主張します。

【格助詞「が」】
　格助詞は、語と語の関係を示すもので、「を・に・が・と・より・で・から・の・へ・や」の10個。「が」は主に現象文で用いられ、動作や状態の主体、要求や願望の対象を示し、主語そのものを強く主張します。体言や副詞などに付き、上の語に副詞の性質や職能をもたせて、下の用言の意味を限定する助詞です。

「は」と「が」の違いに着目することによって解決できること

話題の中心を読み取ることができる

　話題の中心となるのが主語のときや特定するときに「が」を使い、主語を提示して、「何に・何を」が中心になるときに「は」を使います。

【副助詞「は」と格助詞「が」の使い方の例】
① ア「ゾウは、鼻が長い。」
　　　　…象の特徴の中で鼻に着目している。
　イ「鼻は、ゾウが長い。」
　　　　…いくつかの鼻を比較した中で象に着目している。
② ア「だれが６年生ですか。」「私が、６年生です。」
　　　　…主語がわからず誰かをはっきりさせるとき、「が」を使う。
　イ「あなたは６年生ですか。」「私は、６年生です。」
　　　　…誰かがもうわかっているとき、「は」を使う。
③ ア「心臓の病気にはＡとＢのどちらの薬が、よく効きますか。」「Ａの薬がよく効きます。」
　　　　…話題の中心は、薬。
　イ「ＡとＢの薬は、何の病気に効きますか。」
　　　　…話題の中心は、何の病気に効くか。

実践事例

「は」と「が」の違いに着目して「いろいろなふね」を読む

編集委員会（東京書籍「あたらしい　こくご」平成27年度1年下　教材文 p.120）

教材の特徴

● **文章構成が明確で、比較することでつながりがとらえやすい**

「いろいろなふねが、それぞれのやく目にあうようにつくられている」という結論に向けて、「しごと」「つくり」「できること」という一貫した3つの同じ観点で、4つの船の特徴を説明している、事例列挙型の説明文です。

14段落で構成され、一文一段落となっており、同じはたらきをする文の文型がほぼ同じで、わかりやすく、文章構成も序論、本論、結論と明確です。

比較することで、つながりをとらえることのできる教材です。

教師が与える課題

段落を順番に並べ替えよう。

 ⑥番のカードは、「はじめ」にくるのか、いちばん最後の段落になるのか、どちらだろう。

ズレ

 同じ仲間に分けると4つのまとまりができるが、船の順番はどうなるのだろう。

1つのまとまりの中の文の順番はどうなるの。

ズレから生まれた、子どもたちの「問い」

「いろいろなふねが、それぞれのやく目にあうようにつくられています」の段落と「ふねには、いろいろなものがあります」の段落は、どう違うの？

「は」は、これから何について述べるか、説明しようとするはたらきをしていて、「が」は、これまでの内容を受けてまとめるはたらきをしているよ。

文のつながりを意識させることで子どもたちに問いを生じさせる

まずは、次のように、段落をバラバラにした14枚のカードを並べ替える作業を行います。

① このふねの中には、きゃくしつやしょくどうがあります。
② フェリーボートは、たくさんの人とじどう車をいっしょにはこぶためのふねです。
③ 見つけたさかなをあみでとります。
④ このふねは、ポンプやホースをつんでいます。
⑤ きゃくせんは、たくさんの人をはこぶためのふねです。
⑥ いろいろなふねが、それぞれのやく目にあうようにつくられています。
⑦ 人は、車をふねに入れてから、きゃくしつで休みます。
⑧ しょうぼうていは、ふねの火じをけすためのふねです。
⑨ このふねの中には、きゃくしつや車をとめておくところがあります。
⑩ ふねには、いろいろなものがあります。
⑪ 火じがあると、水やくすりをかけて、火をけします。
⑫ このふねは、さかなのむれを見つけるきかいや、あみをつんでいます。
⑬ 人は、きゃくしつで休んだり、しょくどうでしょくじをしたりします。
⑭ ぎょせんは、さかなをとるためのふねです。

「順番に並べてごらん。どんなまとまりがいくつできるかな」と問い、カードを並べ替え、まとまりをつくる活動から入ります。文のつながりを意識して並べ替えるこの活動はかなりの思考を要しますが、そこから子どもたちの「問い」が生まれることになります。

子どもたちに「同じ仲間になるカードを探してごらん」と言って、船の名前を挙げさせると、「フェリーボート」「きゃくせん」「しょうぼうてい」「ぎょせん」の4つが挙がります。しかし、これら4つの船の順番がわからないことがよくあります。この解決を図るために、4つの船でよく知っている船はどれか、あまり聞いたことのない知らない船はどれかを考えさせます。そうすると、「きゃくせん」「フェリーボート」「ぎょせん」は知っていますが、「しょうぼうてい」はあまり知られていないことが挙げられます。

そこで、事例列挙型の説明文は、その事例が一般的なものから特殊なものへ、よく知っているものから知られていないものへと説明されることを教え、よく知っている船から並べればいいことで、この問題の解決を図ります。

「は」と「が」の違いに着目し、違いをはっきりさせることで、段落の役割をとらえる

次に、1つのまとまりの中の文の順番はどうなるのかという問いの解決にあたります。カードの並べ替えの活動で、4つの船のまとまりはそれぞれ3つの段落で構成されていることに子どもたちは気づきますが、その中の順番が今度は問題になってきます。

そこで、それぞれの船について書かれている3枚のカード(3文)を比較させ、「しごと(役目)」「つくり(装備)」「できること(役目の果たし方)(人がすること)」という同じ観点で並べられているという共通点に着目させます。3文の順序が入れ替わったり、1文でも欠如してしまったりすると、事例の順序は不十分なものとなってしまいます。

ここでは、3文を比較し、4つの各事例の共通部分を見つけ、文の役割やつながりをとらえることから文意識を高めることをめざします。また、「このふね～」の「この」が指しているものを考えさせ、「この」はそれぞれの船の名前であることに気づかせ、順番のヒントにさせます(各文の

はじめに3色のシールを貼らせ、感覚的に同じであることをつかませてもよいでしょう）。

そして、いよいよ、6番のカードと10番のカードの順番について悩みます。どちらのカードが最初にきて前書きの内容になるのか、それとも最後にきてまとめの役割をするのかです。

> 「いろいろなふねが、それぞれのやく目にあうようにつくられています。」の段落と「ふねには、いろいろなものがあります。」の段落は、どう違うの？

C1　6の「いろいろなふねが、それぞれのやく目にあうようにつくられています」は、大きくまとめているから、最後だと思う。
C2　4つのそれぞれのやく目が前に書かれていたから、6はそれを受けて最後にくるんじゃないかな。
C3　10の「ふねには、いろいろなものがあります」は、これから紹介しようとしているみたい。知らないことを教えてくれるみたい。
C4　6は「いろいろなふね」となっているけど、10は、「いろいろなもの」になっている。だから、まだ説明していないので、10が最初にくると思う。
C5　〈はじめ〉〈中〉〈終わり〉の3つに分けると、〈はじめ〉がないとおかしい。
C6　題名が「いろいろなふね」だから、筆者はそれがいちばん言いたくて、最後にまとめたと思う。

など、子どもたちは、本論―結論のつながりや序論の必要性を考えながら、意見を出していきます。

「は」と「が」のはたらきには違いがある。

そこで、「いろいろなふねが」の「が」と「ふねには」の「は」を取り上げ、「は」は、これから未知の世界のことを説明しようとするはたらきを果たしていること、「が」は、これまでの内容を受けてまとめるはたらきをしていることを説明します。

「は」と「が」の違いに着目することで、またその違いをはっきりさせることで、段落の役割をとらえることができ、問いの解決を図ることができることを、子どもたちは実感できると思われます。

《参考》
副助詞「は」
　話題の提示。
　伝えたい情報を提示して、後ろにくる情報に焦点をあてている。
格助詞「が」
　特定、限定、強調。
　前にくる情報に焦点をあて、前に書かれていることを強調している。
※伝えたいことや大切なことは「は」の後か、「が」の前にくる。

執筆者 座談会 1

授業で子どもたちに原理・原則をどう教えるか

出席者　白石範孝／江見みどり／駒形みゆき／田島亮一／野中太一

「用語」「方法」「原理・原則」は、並立した3本の柱ではなく、支え合うものだと感じるようになってきました。

駒形　今回、この本の執筆を通して「国語の原理・原則」とはいったい何なのかを考えてきました。その中で、「用語」「方法」「原理・原則」を「国語の学習の3つの柱」という表現をすることがこれまでは多かったのですが、実は「並立した3つの柱」ではなくて、それぞれが密接に関係し合い、支え合うものだと感じるようになってきました。

田島　そうですね。例えば原理・原則を「きまり」ととらえて、「国語の原理・原則とは文法のことなんじゃないか」と考えた時期もありました。もちろん、文法と原理・原則は深く関わっているんだけど、イコールの関係ではないと。

駒形　文法がどう生きるのかということが、原理・原則の中身のひとつなんですね。

田島　例えば「要点」という用語を子どもたちが、あるいは我々教師が学ぶことと、それを文章を読むときにどう活かしていくかということがこれまではあまりはっきりしなかったように思います。

駒形　「用語」を、授業に、あるいは日常の文章を読むということに活かすための使い方が原理・原則なのだということもできると思います。

田島　私もそう思います。

「原理・原則」は、
教師が教えるばかりでなく、
子どもたち自身に発見させる授業もあります。

野中 「用語」も「方法」も、基本的には子どもたちに「教える」ものでした。それに対して今回の「原理・原則」については、「教える」だけじゃなく、「子どもたち自身に発見させる」授業もあり得るように思います。

白石 そうですね。本書の実践例のほとんどは、「原理・原則を活用して問いを解決する授業」です。これは、それぞれの原理・原則に着目することによってどんな問いを解決することができるのかということを、できるだけわかりやすく、具体的に示したかったからです。しかし、原理・原則を授業に活用する場合には、教師から子どもたちに教えるばかりではなく、子どもたちに原理・原則を発見させることによって問題解決のきまりに着目させるという形も当然考えられますね。

田島 それは、どちらが主になると想定されていますか?

白石 ケース・バイ・ケースでしょう。「この問いは、この前勉強した原理・原則を使えるから、それを使って今日は授業をしてみよう」とか「この問題を解いてみよう」とか。

田島 つまり、前に取り組んだ学習が生きてくるということですよね。

白石 そうです。

田島 原理・原則をまったく学習していない場合には、原理・原則を発見させる授業をやらなければならないということですね。

白石 算数で、図形の面積を求める考え方を先に示しておいて、この考え方を使って三角形の面積を求めてみよう……という授業があります。一方で、三角形の面積はどうしてこの公式で求めることができるのかを学ぶ授業もある。授業というのは一つの方向だけからではなく、さまざまなアプローチの仕方があります。原理・原則を使った授業でも同じことがいえるのではないでしょうか。

> 必ず先に原理・原則を教えなければならない?

「原理・原則」は、
知って終わり、見つけて終わりではなく、
その先を考えることが大切なのではないでしょうか。

白石 「その原理・原則を使うことによって、何が見えてくるか」ということが大切だと思います。例えば、クライマックスはどこかを考えさせる授業では、「原理・原則を使ってクライマックスを見つけること」が目的になってしまいがちです。でも、本当に目指したいのはそこではなくて、例えば「大造じいさんとガン」でクライマックスが見えたときに、その先にあるものは何なのかを考えることが大切なのではないでしょうか。

田島 問いが解決した後、何が見えるか——ということですね。

江見 同じようなことがほかにもありますね。例えば詩の学習では、詩を読んで、どんな技法が使われているかがわかるというところまではやっているんですよ。でも、何のためにその技法があって、その技法の効果を使うことによってどんなことが解明できて、ほかにも汎用できる……といったところまではほとんど行われていないのではないでしょうか。それでは、知ってはいるけれど「使えない」のと同じだと思います。原理・原則についても、見つけて終わりではなくて、ほかの文章を読むときにもその原理・原則を使えるようにすることが大切だということを強く感じています。

> 原理・原則を、知っているだけでは意味がないのでは？

白石 その通りですね。例えば「分度器を使うと角度を測ることができます」と教えただけで終わってしまったのでは、角度とは何なのかを本当に理解することはできないし、180度を超えた角の大きさを測ることもできない。分度器を使うことを通して「角度」というものを理解する。また、角度を理解できれば180度を超えた場合でも分度器を使って角度を測ることができるようになるわけです。原理・原則も同じで、子どもたちが原理・原則を知るだけじゃなくて、その原理・原則の意味を理解し、使いこなせるようになることを目指すべきでしょう。

田島 そうすると、理想としては原理・原則を子どもたちが自ら発

> 原理・原則を、子どもたちが自分で見つけることが理想？

見し、自分のものとし、それを活用していって、最終的にはその先、原理・原則から見えるものを使って、別の作品にも使えるように活用していくと。

白石 「自ら発見し」ということには、こだわる必要はないと思います。「こういう原理・原則があるんだよ、これを使って今日は考えてみよう」という授業であってもいいと思います。東京大学の市川伸一さんがおっしゃっている「教えて考えさせる」というやり方と共通していますね。教えてから考えるという過程の中にも、原理・原則を使える、活用できる、自分で使い方を考えることができる……といった広がりも生まれるのではないでしょうか。

田島 「教えるタイミング」もありますよね。

白石 そうですね。例えば、子どもたちに課題を与えると、はじめはどうしてもイメージと感覚ばかりで考えてしまいます。それが子どもたちの中にズレを生むわけです。このズレが生じたところで原理・原則をポンと出してあげると、ズレが解消されて課題を解決できるだけでなく、原理・原則に基づいて論理的に考えることや、論理的に答えを導き出すことの重要性を感じることにつながるわけです。そういった意味では、原理・原則を教えるタイミングについても、いろいろな工夫ができるでしょうね。

> 子どもたちが、原理・原則の大切さに気づくことも大切です。

「原理・原則」は、受験対策の読解テクニックとはまったく別のものです。

野中 「原理・原則を使って文章を読む」というと、「受験対策の読解『テクニック』なのではないか」といった指摘を受けるかもしれません。

白石 確かにそういった誤解は考えられますね。本当はまったく別のものなのですが……。

野中 いま、観点別評価で算数や理科、社会は、知識、技能、思考、関心・意欲・態度の4つの観点が設定されているのですが、国語は4観点になっていません。その是非はともかくとして、あえて国語に4観点を設けるとどうなるのだろう……と考えてみると、「用語」は知識、「方法」は技能ということになると思います。「原理・原則」も知識や技能の面をもっているのですが、原理・原則を使うことによって、思考を高めたり、思考を深めたりすること、その結果、国語的な態度が育成されるという面もあります。したがって原理・原則を学ぶことは、受験対策指導やテクニック指導とはまったく別のものだと思います。

白石 4観点に当てはめてみるというのは、おもしろいですね。

野中 例えば、原理・原則を見つける授業や、原理・原則を活用する授業で、子どもが「わかった」とか「おもしろい」という成功体験を積み重ねていくと、白石先生がずっとおっしゃっているように、子どもたちはほかの文章を読んだときにもそうやって読もうとするんですよね。私は、「わかった」「おもしろい」という情意面が原理・原則を使うことによって培われていくからだと考えています。そうやって原理・原則を使って文章や言葉に接しようという態度そのものが、汎用的な資質・能力になっていくんじゃないかなと思います。

> 原理・原則は、4観点のうち、「思考」にも関わっています。

> 原理・原則は、子どもたちの情意面も培うのです。

第二章

文に関係する原理・原則

問いに対する答えの数を見つけるために

原理・原則 5

複合語に着目する

「複合語」とは……

　本来それぞれの意味をもっている言葉が、2つ以上結合して、新たな意味や機能をもつようになった言葉が複合語です。例えば、「谷川」、「落ち着き払う」などがあります。
　この複合語が、説明文の「問い」の中に使われているときは、「問い」の数に違いが出てきます。例えば、
・問いが「いろいろな車は、どんな仕事をしているのでしょうか。そのために、どんな仕組みになっているのでしょうか。」の場合は、2文で構成されているので、2つの答えが求められていることは明確です。
・問いが「ムササビは、どうして飛びうつることができるのでしょうか。」という場合、問いに対する答えは、「飛びうつる」という複合語があるので、「飛ぶ」理由と「うつる」理由の2つの答えが必要になります。
　このために、問いが1つのように見えて、実は他にも問いが隠されていることが多く見られるので注意しなければなりません。

「複合語」に着目することによって解決できること

答えの数を予想した読みができる

　「問い」が2文の場合は、2つの「問い」が明確になっているので、「問い」に対する「答え」の数を明確にして読み進めていくことができます。「問い」の数と「答え」の数が同じになるので、とてもわかりやすいでしょう。
　「問い」に「複合語」が含まれている場合は、「問い」に対する「答え」の数が複数あります。この場合、「問い」の数は1つでも、説明内容は複数のまとまりとして述べられることがあります。
　以上のように「複合語」の場合は、複数の「答え」が説明されていると考え、「答え」の数を予想して読むことができます。

実践事例　複合語に着目して「ムササビのひみつ」を読む

編集委員会（学校図書「小学校国語」平成27年度4年上 ☞ 教材文 p.121）

教材の特徴

● 「どんなひみつ」「いくつのひみつ」が読み取りにくい

「ムササビのひみつ」は、14段落で構成されている「尾括型」の文章です。

ムササビの秘密を明らかにしていきながらムササビが生きていくためには、「ゆたかな森の木々」はどうしても必要であり、私たちの生活ばかりでなく、森の生き物たちのくらしも大切にしたいという筆者の願いが「尾括型」の構成で表現されています。

文章の特徴としては、いくつかの「問い」と「答え」の関係で述べられ、まとまりはとらえやすくなっています。しかし、「ムササビのひみつって？」という問いに対しての答えを求める読みにおいては、「どうしてムササビは、あんなに自由に木から木へ飛びうつることができるのでしょうか。」という問いに含まれる「飛びうつる」という複合語のはたらきに着目する必要があります。

教師が与える課題
「ムササビのひみつ」って、いくつあるの？

 2つだよ。　ズレ　もっとあると思う。

ズレから生まれた、子どもたちの「問い」
「ムササビのひみつ」って、いくつだろう？

1つの言葉に、2つの問いが含まれていることがあるよ。

原理・原則5　複合語に着目する　43

「問いと答え」の関係から細部を読む

まずは、文章全体の中から問いの段落を探すことを通して大きなまとまりを見つけます。すると、次の2つの段落を取り出すことができます。

◆❷段落

> どうしてムササビは、あんなに自由に木へ飛びうつることができるのでしょうか。

◆❿段落

> ところで、ムササビはどうして木の上でくらしているのでしょうか。

この2つの問いの段落は、ほとんどの子どもがとらえることができます。そして、このそれぞれの問いに対する説明、答えのまとまりを探すことになります。この活動においては、❷段落の問いに対する説明、答えのまとまりは、❸～❾段落と簡単に見つけることができますが、❿段落の説明、答えのまとまりがなかなかとらえにくい。⓫段落までと考える子、⓬段落までとする子、さらには⓭段落までとする子とさまざまな考えが出てきます。この問題については、2つ目の視点としている「主語連鎖」を使って解決を図っていきます。この活動については後に説明をしていきます。

複合語を使って「ムササビのひみつ」を読む
隠された問いの段落をとらえる

まずは、最初の❸～❾段落のまとまりについてその内容を詳しく読んでいくのですが、この❸～❾段落のまとまりには、2つのまとまりがあることに気づかせます。その投げかけとして次のような発問をしていきます。

・❸～❾段落のまとまりに、問いの役割をしている段落はないのか？
・❸～❾段落のまとまりは、いくつかに分けることはできないか？

この発問に対する答えとして❽段落に着目することができます。

◆❽段落

> しかし、これだけでは、ムササビが木から木へと自由に飛び回るひみつが分かりません。

この段落の内容を読んでいくと、「しかし」という言葉によって、この段落の前の内容と後の内容の2つの内容が書かれていることに気づきます。

さらには、この❽段落の文の後には、次のように問いの文を加えることができることに気づかせていきます。

> しかし、これだけでは、ムササビが木から木へと自由に飛び回るひみつが分かりません。**では、どのようなひみつがあるのでしょうか。**

このようにして、❽段落は2つ目の問いの段落としての役割を果たしていることに気づかせていきます。

すると、❽段落の問いに対する答えの段落は❾段落ととらえることができます。そして、❸～❾段落のまとまりは、次のような2つのまとまりになることを整理します。

◆❸～❼段落のまとまり
・前足と後足との間にあるまくによって飛ぶことができるひみつ
◆❽～❾段落のまとまり
・長い尾をかじのように使って、自由に飛び回ることができるひみつ

このように、❽段落の隠された問いとしてのはたらきに気づかせていくことによって、2つのまとまりを読むことができるのです。

ここで大切なことは、「問いと答え」の関係で読んでいくためには、「隠された問い」のはたらきがあることをとらえるとともに、「問い」の段落には、次のような3つのはたらきがあることをしっかりととらえておくことが必要となります。

◆「問い」のはたらき
　◯全体を貫く問い
　◯部分のまとまりを表す問い
　◯隠された問い

また、ここでは2つのまとまりをとらえるのに重要なことがあります。それは、最初の問いである❷段落の「自由に木から木へと飛びうつることが〜」の中に見ることができます。

1つの言葉に、2つの問いが含まれていることがある。

この中の「飛びうつる」という言葉に着目すると、この言葉は次のように2つの内容を含んでいます。

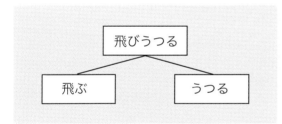

この「飛びうつる」という言葉の内容を細かく読んでいくことによって、この問いには、2つの問いが含まれていることが読み取れるのです。

「飛ぶ」ことについてのひみつの説明は、❸〜❼段落の内容となっていて、「うつる」ことについてのひみつの説明は、❽〜❾段落の内容となっています。

よって、前述したように❸〜❾段落の内容は、2つのまとまりとしてとらえることができるのです。

主語連鎖によって読む

3つ目のまとまりを読むために❿段落の問いに対する説明、答えのまとまりを見つけることによってひみつを探っていきます。

前述したようにこのまとまりを見つけるときに問題となるのが、❿〜⓮段落のどこで区切るのかという問題です。このような問題は、説明文のまとまりを見つける学習においては、よく問題となります。迷いが生じるのは、書かれた内容だけで判断しようとするからです。この問題を解決するために「主語連鎖」を活用していきます。

まず、❿〜⓮段落をそれぞれの主語、あるいは何について書かれているかを見ていきます。すると次のようになります。

・❿段落………「ムササビ」
・⓫段落………「ムササビ」
・⓬段落………「ムササビ」
・⓭段落………「ムササビ」
・⓮段落………「自ぜんの中にいる動物たち」

これによって、❿段落の問いに対する説明、答えのまとまりは、「ムササビ」というまとまりと「自然の中にいる動物たち」というまとまりによって⓭段落と⓮段落の間で分かれます。そして、❿段落の問いの内容である「どうして、木の上でくらしているのか？」の問いに対する説明、答えが⓫〜⓭段落に書かれていることがわかります。

このように問いと答えの関係で読んでいくことで、最初の題名から生まれた問いの答えも、次のように整理することができます。

◆どんなひみつがいくつ説明されているか？
　◯飛ぶためにまくがある。
　◯飛びうつるために長い尾がある。
　◯安全のために木の上で生活する。

活用例

「問い」の数、「答え」の数に着目して「アメンボはにん者か」を読む

日高敏隆（学校図書「小学校国語」平成 27 年度 4 年上 ☞ 教材文 p.118, 119）

教材の特徴

「問い」の文が多くて、どんなまとまりができるのかが、読み取りにくい

「アメンボはにん者か」は、次のような問いがあり、三部構成がとらえにくい教材です。
・❷段落「どうしてアメンボは、水面にうかんで走ることができるのでしょうか。」
・❹段落「いったい、これは何のかげなのでしょうか。」
・❻段落「どうして、アメンボの足の先で水面が丸くくぼむのでしょうか。」
・⓬段落「アメンボは、いったい何を食べて生きているのでしょうか。」

この他に❿段落の「しかし、これだけではアメンボがにん者のように水面を走るひみつは分かりません。」という隠れた「問い」があることで、まとまりがとらえにくくなっています。

全体の構成をつかむこととして「三部構成」を見つけるのですが、「問い」の内容を検討していくことで大きなまとまりが見えてきます。このときに、❷段落の「問い」の「うかんで走る」に着目すると、❿段落の隠れた問いの意味と大きなまとまりが読めてきます。

教師が与える課題

「アメンボはにん者か」の三部構成を探してみよう。

この課題に対して、子どもたちはさまざまな分け方をしていく中で、「問い」の段落が多くて、まとまりがいくつもあるという悩みが出てきます。また、その三部構成もとらえにくいと悩みます。

問いの段落を❷段落、❹段落、❻段落、⓬段落として、それぞれの問いに対する答えと説明の部分を探して、まとまりをつくっていきます。

また、❿段落の内容が、これまでとは違う内容になっていて、まとまりをどこで区切っていいかがわからなくなります。さらに、⓬段落の問いに対する答えと説明部分の区切りが見えにくく、まとまりをつくるのに苦労します。

> 問いに対する答えはさまざまな内容と数が出てくるんだね。

◆「問い」の段落が多くてまとまりが見えにくくなっている。
◆「問い」に対する「答え」がどこまでなのかがわかりにくくなっている。
◆「問い」の役割が見えにくく、まとまりをとらえにくくしている。

以上のことから、子どもたちにさまざまな「思考のズレ」が生まれるのです。

ズレから生まれた、子どもたちの「問い」

「問い」と「答え」の関係はどうなっているのだろう。
「三部構成」は、どのようにして
分けたらいいのだろう？

- それぞれの「問い」の内容を読み、「うかんで走る」の言葉に着目させる。
- 「大きな問い」と「小さな問い」を区別してとらえさせる。

◆❷段落の問いの「うかんで走る」に着目する。

　❷段落の問い「どうしてアメンボは、あんなにうまく水面にうかんで走ることができるのでしょうか。」の「うかんで走る」の言葉に着目させると、「うかぶことができるのは？」という内容と「走ることができるのは？」という２つの内容の問いがあることに気づかせ、その答えと説明の部分を探すことで次のまとまりをとらえることができます。

・「うかぶことができるのは？」・・・・・❸～❾段落のまとまり
・「走ることができるのは？」・・・・・❿～⓫段落のまとまり

　このまとまりをとらえることで❹段落と❻段落の問いは、❸～❾段落のまとまりを説明するための問いであることがわかります。さらには、❿段落が「走るひみつ」を説明するための問いの役割をしていることがわかります。

　以上のように、❷段落の問いの「うかんで走る」が２つの問いを示していて、２つの答えを求めようとしていることがとらえられ、大きなまとまり❷～⓫段落が１つのまとまりであることがわかります。

◆⓬段落からのまとまりを「主語連鎖」でとらえる。

　⓬段落の問い「ところで、水の上でくらしているアメンボは、いったい何を食べて生きているのでしょうか。」という問いは、これまでの内容と違う、新しい話題に対する２つ目の「大きな問い」の役割をしていることはわかりやすいでしょう。しかし、その区切りがわかりにくいのですが、「主語連鎖」を活用すると⓭段落で区切ることがわかります。

　以上のことから「三部構成」を次のようにとらえることができます。

〈はじめ〉……❶段落
〈　中　〉……〈中１〉❷～⓫段落、〈中２〉⓬～⓲段落
〈終わり〉……⓳段落

三部構成をとらえるために

原理・原則 6

「　」（かぎ括弧）に着目する

「　」とは……

括弧は目的によって主に次の種類が使われます。
- 「　」かぎ括弧…会話文、引用、作品名、強調
- 『　』二重かぎ括弧…会話文の中の会話、雑誌名、強調
- （　）丸括弧・パーレン…内心語、補足説明
- 〈　〉山括弧…小見出し、タイトル、強調
- 〔　〕亀甲括弧…引用の補足、強調
- ［　］角括弧・大括弧・ブラケット…（　）の中に（　）を入れるとき
  例 ［○○（…）］
- 【　】墨付き括弧・墨付きパーレン…強調、目立たせたいとき

「」に着目することによって解決できること

文章の具体と抽象がとらえやすくなる

　括弧を使う目的の中に、「強調」という言葉が多く入っていることに気づくことと思います。括弧にこの目的があることで、文章の具体と抽象を読み分けることができます。

　説明文の中には、同じ言葉を繰り返して使うとき、括弧を付けて表現する場合と括弧を付けずにそのまま表現する場合を使い分けて書き表しているものがあります。筆者は、その２つを対比させて表現しています。そこに着目すると、「どう違うのだろう？」という読み手の疑問が生まれます。その疑問が、括弧付きの言葉が指すものの具体と括弧が付いていない言葉が指すものの具体を読むという活動につながります。一般的に、括弧付きの言葉の方が抽象度が高かったり、特別な意味で使われたりすることが多く見られます。

　括弧に着目して文章を読むことで、具体と抽象の関係をとらえ、段落の役割や文章構成を把握することができます。

実践事例

「 」（かぎ括弧）に着目して「にせてだます」を読む

編集委員会（学校図書「小学校国語」平成27年度3年上 ☞ 教材文 p.120）

教材の特徴

- 「ぎたい」という言葉に、「 」（かぎ括弧）を付ける場合と付けない場合を区別することで、抽象と具体を表現している

9段落構成の説明文です。❹～❼段落でしゃくとり虫・カマキリについて述べています。❸段落に問い、❽段落に答えのまとめがあります。❸～❽段落が〈中〉です。この構成をとらえやすくしているのが、「ぎたい」（「」付き）とぎたい（「」なし）の使い分けです。ぎたい（「」なし）はこん虫について使用していますが、「ぎたい」は生き物全般について使用しています。具体と抽象の関係が、「かぎ括弧」を使用することで対比されています。

教師が与える課題

文章を〈はじめ〉〈中〉〈終わり〉の3つに分けよう。

❸段落は〈はじめ〉で、❽段落は〈中〉だよ。

ズレ

❸段落は〈中〉、❽段落は〈終わり〉だね。

ズレから生まれた、子どもたちの「問い」

❸段落は、〈はじめ〉？　それとも〈中〉？
❽段落は、〈中〉？　それとも〈終わり〉？

ここで原理・原則！

「 」が付いているときと、付いていないときの違いを考えてみよう。

ぎたいと「ぎたい」の表す意味を考えます。❷❾段落は、「 」を付けて「ぎたい」と表現され、❸❺❼❽段落は、「 」を付けずにぎたいと表現されています。

原理・原則6　「 」（かぎ括弧）に着目する　49

具体の生き物を読む

まずは、「にせてだます生き物として、どんな生き物が出てきた?」と発問し、段落番号と一緒に次のようにまとめることができます。

❹❺段落…しゃくとり虫
❻❼段落…カマキリ

さらに、「それぞれ、どのようににせてだますの?」と聞き、❸~❼段落の役割を明確にします。

❹段落…木のえだに止まってじっとしていると、
　　　　本物のえだがあるように見える
　　　　しゃくとり虫を食べる鳥の目をだます
　　　　↓
❺段落…これは、鳥に食べられないためにやく
　　　　立っている
　　　　【段落の役割】
　　　　何のために、にせてだますか。

❻段落…草や葉の中にまぎれてじっとしていると、どこにいるの分からない
　　　　近よってくるこん虫を、とらえて食べる
　　　　↓
❼段落…これは、えものをとるためにやく
　　　　立っている
　　　　【段落の役割】
　　　　何のために、にせてだますか。

三部構成をとらえる

説明文が「はじめ」「中」「終わり」の三部構成をとることが多いことは既習事項として扱っています。子どもは三部構成を次のようにとらえています。

〈はじめ〉…話題が提示されたり、文章を貫く問いがあったりすること。
〈終わり〉…まとめがあったり、文章を貫く問いの答えがあったりすること。

そこで、「『にせてだます』を大きく3つに分けよう」と発問します。すると、子どもの分け方が次のようにズレます。

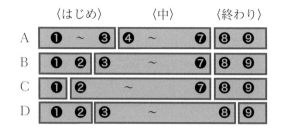

ここに生まれた子どもの問いは次のようになります。

> ❷段落と❸段落は「はじめ」に入るか「中」に入るか。

> ❽段落は「中」に入るか「終わり」に入るか。

この問いに対して、子どもが着目するのが、「このように」です。2つの「このように」の指示内容が話題となります。

❹しゃくとり虫
❺これは、鳥に食べられないためにやく立っている
❻カマキリ
❼これは、えものをとるためにやく立っている
　↓
❽このように、こん虫のぎたいは、…

❷まわりの物や様子ににた形や色をして、目立たないようにくらしている
　↓
このように、自分のすがたや色をまわりの物や様子ににせて、ほかの動物の目をだますことを「ぎたい」と言います

「このように」に着目することで、次のことがわかりました。

・❽段落は「中」に入る。
・❷段落は、「ぎたい」という言葉を説明する（定義する）ためにある段落

　次に話題になるのが、❸段落です。❸段落は、「問いと答え」の関係に着目することで位置付けがわかります。

【問い】❸こん虫のぎたいには、どのようなものがあるでしょうか。
【答え１】❹しゃくとり虫　鳥の目をだます
　　　　　❺食べられないためにやく立つ
【答え２】❻カマキリ　草や葉の中にまぎれてじっとしている
　　　　　❼えものをとるためにやく立つ
【答えのまとめ】
❽このように、こん虫のぎたいは、自分のみをまもったり、えものをとったりするのにやく立つ

　ここまでくると、❷段落、❸段落、❽段落の役割が明確になります。ところが、三部構成の分け方で「Ａ」と考えた子は、次のように言います。

「❹❺はしゃくとり虫、❻❼はカマキリのことを言っているでしょ。❸と❽はこん虫のことを言っているでしょ。やっぱり、〈中〉は❹❺❻❼なんじゃない？」

　この子の発言は、まさに「具体と抽象」の関係で三部構成をとらえようとしています。

　「　」が付いているときと、付いていないときとでは違いがある。

　ここで、次のように発問します。
「題名の『にせてだます』は別の言葉で言い換えられているよね。何？」
「ぎたい」
「ぎたいという言葉は何回出てくる？」
　この発問で子どもは、ぎたいという言葉に印を付けていきます。ぎたいは次のように出てきます。
❷段落…「ぎたい」
❸段落…ぎたい〈こん虫のぎたい〉
❺段落…ぎたい
❼段落…ぎたい
❽段落…ぎたい〈こん虫のぎたい〉
❾段落…「ぎたい」

　❷段落と❾段落にだけ、「　」が付いていることに気づいた子どもたちは、別の繰り返される言葉にも着目し始めます。
・❸段落と❽段落は、「こん虫のぎたい」と「こん虫の」という説明が付いている。
・❺❼❽段落のぎたいは、「やく立っている」がくっついている。

　ここで、「　」の役割を教えます。

【「　」の役割】
・会話文を表す
・強調する
・具体と抽象を表す

・「ぎたい」は、カメレオンとか昆虫じゃない生き物の特長も指しているんだね。

　上のような発言が出てくると、三部構成がとらえられたと言ってよいと考えられます。

書かれている事柄を整理・分類するために

原理・原則 7

文末表現に着目する

「文末表現」とは……

「文末表現」は文の末尾における表現を意味します。例えば、「この自転車は軽いです」に「か」を付ければ疑問の表現になります。他にも「ね」を付ければ確認（同意を求める）の表現になります。また、同じ「ね」でも、少し伸ばし気味にすると感動を表します。このように文末表現とは、文の終わりに見られる表現を意味します。文末表現によって、さまざまな文脈を作ることができます。

- 「です」「ます」…説明
- 「でしょうか」…疑問
- 「ですね」「ことでしょう」…共感
- 「あります」「ました」…事実
- 「といえます」「違いない」「明らかである」…断定・確信
- 「べきである」「でなければならない」…主張
- 「と考えられる」「と予想／推測される」「と見られる」「かもしれない」「おそらく～だろう」「はずである」…推論、予測

また、一人称表現と三人称表現によっても文末が変化し、視点のズレが表されます。

- 「思います」「考えます」…一人称表現
- 「思っているようです」「考えていたそうです」…三人称表現

「文末表現」に着目することによって解決できること

文と文、段落と段落の連接関係や筆者の意図を解釈できる

事実なのか、説明なのか、考えなのか、根拠なのか、文末によって文の役割が違います。まず、この役割を読み分けることが重要です。そのことで、文と文、段落と段落の連接関係や筆者の意図を解釈できるようになります。

登場人物の視点なのか、書き手本人の視点なのかがわかる

一人称表現か、三人称表現かの文末で、登場人物の視点なのか、書き手本人の視点なのかがわかります。このことで、見ている主体が決まり、見えている景色や思っていることが視点人物側からであることがわかります。

実践事例　文末表現に着目して「ありの行列」を読む

大滝哲也（光村図書「国語」平成27年度3年下）

教材の特徴

● **論理展開が非常に明確である**

「なぜ、ありの行列ができるのか」という疑問に対して、アメリカの学者ウィルソンが試みた実験―観察―考察―研究―結論という過程を通して、行列ができるわけを知るという内容です。論理展開が非常に明確です。また、問題提起の文、実験の内容の文、結果の文、考察の文という文と文との関係、段落と段落との関係が明確です。そのため、子どもたちに論理的思考力を身につけさせるのに適した教材です。

● **指示語、接続語、文末表現の学習に適している**

指示語・接続語や文末表現、その使い方に着目することで、その違いや意味を理解し、筆者の考えの述べ方を読み取らせる教材として適しています。

● **尾括型で、実験観察型の説明文である**

中心問題が文章を貫く問いになり、実験観察を繰り返し、答えが最後に述べられているという尾括型の文章構造です。

教師が与える課題

「ありの行列ひみつ発見カード」をつくろう。

　カードは2枚になるね。　**ズレ**　カードは3枚になるわ。

ズレから生まれた、子どもたちの「問い」

「ありの行列ひみつ発見カード」は何枚になるのだろう。

ここで原理・原則！

文末の言葉から、文の役割を見てみよう。

文末表現には、文の役割が表れています。問いを表現した文末、観察した事実を表現する文末、実際の行動を表現した文末、考察や説明を表現した文末などがあります。その文末の連続性をとらえることにより、意味段落の数を特定することができます。

「ありの行列ひみつ発見カード」の枚数について話し合う

形式段落ごとの要点を読み取ったあと、ウィルソンが発見したありの行列のひみつを書いたカードを作りますが、実際にカードを作る前に、「『ありの行列ひみつ発見カード』は何枚になるか」という問いを投げかけます。子どもたちからは、次のような意見が出てきます。

「2枚になると思います。だって、ありの行列のことが書いてあるのは、2つだからです。」
「私も2枚だと思います。それは、段落のはじめの言葉を見るとわかります。『はじめに』と『次に』という文頭の言葉が使われていることでわかります。」

「ありの行列ひみつ発見カード」は2枚だという意見が多いようです。「ありの行列のひみつ」とは、ありを観察してわかることだと子どもたちは読み取っているのです。

そして、その観察から発見したことは、2つ説明されています。

1つは、❸段落で「はじめのありが巣に帰るときに通った道すじから、外れていないのです。」とあります。もう1つは、❹段落に行く手をさえぎってみても、「行列の道すじはかわりません。」とあります。これらの観察した事実が「ありの行列ひみつ発見カード」になるはずだ……と子どもは主張します。

カードの枚数を特定するには、文頭と文末の言葉を手がかりにすることが必要です。なぜなら、文頭の言葉は順序や接続関係を表し、文末表現には段落や文の役割が隠されているからです。

そこで、文頭と文末の言葉を調べると、次のようになりました。

	段落の始め	段落の終わり
❶	夏になると	でしょうか。
❷	アメリカに	しました。
❸	はじめに	のです。
❹	次に	つづきました。
❺	これらの	考えました。
❻	そこで	分かりました。えきです。
❼	この研究から	知ることができました。
❽	はたらきありは	なります。
❾	このように	わけです。

「ありの行列ひみつ発見カード」の枚数は、本当に2枚なのか、❺段落以降を読み取る

❺段落をもう一度見てみましょう。

> これらのかんさつから、ウィルソンは、はたらきありが、地面に何か道しるべになるものをつけておいたのではないか、と考えました。

文末表現に着目すると、段落と段落との関係がわかる。

この段落の文頭は「これらのかんさつ」です。ということは、❹段落までは、観察ということになります。❸段落、❹段落には、観察という「事実」が書かれているのです。このことに気づき、子どもたちから次のような言葉が出てきました。

「確かに❷段落の文末には、『かんさつしました。』と書かれていますから、❸、❹段落までは、観察ということになります。観察したことが、ひみつになるのでしょうか。よくわからなくなりました。」
「ありの行列の観察は、ありの行列のひみつになるのでしょうか。もしかしたら、ひみつは、❺段落より後にも書かれているのではないでしょうか。」

では、❺段落以降がどうなっているのでしょうか。そこを確認する必要があります。

文末表現に着目すると、文や段落の役割がわかる。

❺段落以降は、順序を表す文頭の言葉からいくつのことが書かれているのかを判断することは、難しいようです。そこで、文末に着目し、それぞれ段落の役割を読み取るようにします。

❺段落の文末は、「考えました」です。つまりウィルソンが考えたことが書かれているので、「ありの行列のひみつ」とは言えません。

❻段落は、どうでしょう。「分かりました。」と書か

れています。どうやら、わかったことが書かれているようです。つまり、これもひみつなのかもしれません。

❼段落の文末は、「知ることができました。」と書かれています。何を知ることができたのでしょうか。また、「ありの行列のできるわけ」とも書かれています。

❽段落も、確かに「行列のひみつ」とも言えます。

このように見ていくと、「ありの行列ひみつ発見カード」は、❸、❹段落に書かれている「ひみつ」の2枚と、❻、❽段落に書かれている「ひみつ」の2枚の、合計4枚ということになりそうですが、本当にそうなのか、検証が必要になります。

> 「ありの行列ひみつ発見カード」の枚数は本当に4枚なのか、❺段落と❼段落の役割を読み取る。

そこで改めて、「ありの行列の本当のひみつとは、いくつなのだろうか」という問いを投げかけ、❸、❹、❻、❽段落の「ひみつ」だと思われるものを書いた仮の「ありの行列のひみつ発見カード」を書き、並べてみます。

> ❸はじめのありが巣に帰るときに通った道すじから、外れていないのです。

> ❹行く手をさえぎってみました。…行列の道すじはかわりません。

> ❻おしりのところから、とくべつのえきを出すことが分かりました。

> ❽道しるべとして、地面にこのえきをつけながら帰るのです。

さあ、この4枚の「ありの行列ひみつ発見カード」はすべてありの行列のひみつになっているのでしょうか。問いの文である「なぜ、ありの行列ができるのでしょうか。」の答えになっているかどうか検討してみます。「ありの行列ひみつ発見カード」とは、この問いの文の答えになっていなければならないはずだからです。

しかし、❸段落と❹段落は、問いの答えではありません。子どもからは、「はじめは、❸段落と❹段落が『ありの行列のひみつ』だと思っていましたが、❻段落と❽段落のほうが『ひみつ』ですね。それは、問いの文の答えになっているからです。」といった声が聞こえてきます。

以上の検討から、カードは❻段落の「ひみつ」と、❽段落の「ひみつ」の2枚ということになりました。初めの予想も2枚でしたが、別の2枚だったことになります。

> 文頭と文末表現から、❺段落と❼段落の役割を整理して、問いの答えとしてのカードについて話し合う

❺段落の文頭と文末の表現は、
・文頭「これらのかんさつから」
・文末「と考えました。」
となっており、❸、❹段落の「ウィルソンが観察したこと」をもとにして「ありの行列」について予想したこと（仮説）が書かれていることがわかります。❺段落によって、❸、❹段落と、「わかったこと」が書かれている❻段落とが結びつけられているのです。

また、❼段落の文頭と文末表現は、
・文頭「この研究から」
・文末「知ることができました。」
となっていますので、❼段落の前の❻段落は、「研究」したことが書かれているといえます。「知ることができた」内容は❽段落に書かれています。

文末表現に着目すると、筆者の意図を解釈することができる。

❻段落をよく読んでみると、ありの体のしくみについて研究したことが書かれていますが、行列ができるしくみまでは書かれていないことがわかります。

となると、❽段落だけが「ありの行列のひみつ」について書かれていることになります。

結局、「ありの行列ひみつ発見カード」は、次のような❽段落のみの1枚ということになります。

> はたらきありは、えさを見つけると、道しるべとして、地面にそのえきをつけながら帰るのです。そして、他のはたらきありたちは、そのにおいにそって歩き、同じようにえきを地面につけながら歩くので、ありの行列ができるのです。

対象の違いや筆者の意図を読むために

原理・原則 8

漢字、ひらがな、カタカナの使い分けに着目する

「漢字、ひらがな、カタカナの使い分け」とは…

漢字は「表意文字」で、主に、名詞や形容詞と動詞の語幹、抽象語などの漢語、人名などに使われます。

ひらがなとカタカナは「表音文字」です。

ひらがなは、和語を中心とした言葉や送り仮名、接続詞や助詞などの品詞、漢字をもたない、あるいは漢字では読みづらい日本語の単語などに使われます。

カタカナは、①外来語・外国語 ②学術用語・専門語 ③技術、科学用語、動植物・生物の名前 ④擬音語・擬態語（語感を増す場合）⑤強調（言葉を目立たせる）などに使われます。また、他の漢字やひらがなとはっきり区別するという意味ももっています。

漢字は、文語的、文学的で、古くてかしこまってカッチリとした印象、引き締まった感じ、かたい・重い・厳しい感じがします。それに対し、ひらがなは、口語的で、親しみやすくゆったり大らかで、柔らかいイメージを与え、軽い・温かい・明るい・優しい感じを受けます。カタカナは、学術的・専門的で、シャープで斬新、格好いい印象を与える分、ひらがなよりも冷たく無機質な印象があります。

効果としては、漢字とひらがな、カタカナを使い分けることで、先に挙げた印象の違い、文脈と関わるイメージの相違を示します。その他に、意味的な相違を示します。漢字は、意味的には明瞭で、概念をはっきりさせ、イメージが限定されますが、ひらがなやカタカナは、意味的には曖昧で、イメージが広がります。

「漢字、ひらがな、カタカナの使い分け」に着目することによって解決できること

学術的な内容であることを判別できる

カタカナ表記はその事柄が学術的、専門的である植物の名前を意味していること、また、他と区別していることがわかります。

| 実践事例 | 漢字、ひらがな、カタカナの使い分けに着目して「すがたをかえる大豆」を読む |

国分牧衛（光村図書「国語」平成27年度3年下）

教材の特徴

● 植物を意味する「ダイズ」と、食材としての「大豆」が書き分けられている

　この教材は、身の回りにあふれている大豆やその加工品について書かれており、子どもたちにとって身近な内容になっています。しかし、大豆の加工食品は、見ただけでは大豆からできているとは思われないものが多く、子どもたちにとっては意外性をもって新しいことを知り得ながら、楽しく読み進められる内容といえます。色も形も全く違う豆腐やきなこ、醤油といった普段なじみのある食品が「大豆」を原料にしてつくられているということ、それにもまして、枝豆やもやしが「ダイズ」に手を加えてつくられたものだということに、子どもたちは驚きを感じます。筆者は、植物を意味する「ダイズ」と食材としての「大豆」を書き分け、大豆がいろいろなすがたで食べられることを強調しています。

教師が与える課題

5つの事例はどんな順番だろう。

・5つの事例の中で1つだけ仲間はずれみたい。
・「これらのほかに」と別扱いしているのはなぜ？

 ズレ

・❼段落だけ、「ダイズ」になっているのはなぜ？
・「大豆」と「ダイズ」それぞれ何個あるの？

ズレから生まれた、子どもたちの「問い」

「大豆」と「ダイズ」にはどんな違いがあるの？

ここで原理・原則！

植物名を表すときはカタカナで書くよ。

　カタカナ表記は学術的、専門的である植物を表し、他と区別し強調しています。漢字表記は、実が熟した食材、食品として表しています。表記の使い分けから、対象の違いや筆者の意図を読み取ることができます。

漢字とカタカナの使い分けから、対象の違い、筆者の意図を読む

「漢字の『大豆』はいくつ出てきますか。『大豆』という言葉に印を付けましょう。カタカナの『ダイズ』はいくつ出てきますか。カタカナの『ダイズ』に印を付けましょう。」と投げかけます。

「大豆」と漢字で表記されているのが、題名を入れて１８個、「ダイズ」とカタカナ表記されているのが４個あります。

子どもたちにその数を数えさせ、「どうして漢字とカタカナで書き分けられているのだろう？」「『大豆』と『ダイズ』にはどのような違いがあるのだろう？」と問います。

 **植物名を表すときはカタカナで書く。**

そうすると、子どもたちは、❷段落に、
「大豆は、ダイズという植物のたねです。」
「ダイズが十分に育つと、さやの中のたねはかたくなります。これが、わたしたちが知っている大豆です。」
と書かれていることに着目し、「ダイズ」とカタカナで書かれているのが植物で、「大豆」と漢字で書かれていると育った実を表していることに気づきます。また、❼段落が「ダイズ」とカタカナ表記されていることにも気づきます。

「工夫」が２つに分けられることに気づく

この説明文は、すがたをかえる具体例が５つ挙げられていて、工夫が大きく２つに分けられます。１つは、大豆、つまり実に手を加えた工夫。もう１つは、ダイズという植物そのものに手を加え、とり入れる時期や育て方を工夫したものです。そして、これらが事例の順序性という原理・原則によって、「これらのほかに」という言葉でつながれています。

そこで、❼段落の「これらのほかに」という言葉はどういう意味をもっているか、考えさせます。

❸段落から❻段落までは、大豆に手を加えた例、❼段落はその例外を言っているのではなく、まったく違う側面である「ダイズ」に手を加えてつくられた例を挙げ、別の扱われ方をしていることに気づかせます。だからこそ、筆者はわざわざ

❶ 話題提示	〈はじめ〉	
❷ 大豆の説明		
❸ 事例１ こなにひいて食べるくふう ……きなこ	〈中〉	その形のままいったり、にたりして、やわらかく、おいしくするくふう ……いり豆、に豆、黒豆
❹ 事例２		
❺ 事例３ 大豆にふくまれる大切なえいようだけを取り出して、ちがう食品にするくふう ……とうふ		
❻ 事例４ 目に見えない小さな生物の力をかりて、ちがう食品にするくふう ……なっとう、みそ、しょうゆ		
❼ 事例５ ダイズのとり入れる時期や育て方のくふう ……えだ豆、もやし		
❽ いろいろなすがたで食べられている大豆 おどろかされる昔の人々のちえ	〈終わり〉	

「ダイズ」とカタカナ表記し「大豆」と区別しているということ、実が熟した「大豆」と、まだ成長している途中の「ダイズ」と表記を書き分けていることから、単純な付け足しではないということ、そこに筆者の工夫があることに気づくことをねらっています。

そのためには、まず事例の順序で揺さぶりをかけ、次に「何に手を加えているのか」に目を向けさせるとともに、「大豆」と「ダイズ」の対象の違いを意識させるようにします。

また、漢字とカタカナの表記の数の違いが意味しているものを考えさせます。数が多い「大豆」が話題の中心ではありますが、「これらのほかに」として❼段落に数の少ない「ダイズ」の例をもってくることによって、大豆がいろいろなすがたで食べられることをより強調していること、大豆になる前の植物そのものの「ダイズ」のとり入れる時期や育て方を工夫する例がより浮き彫りになってくることに気づかせます。

枝豆やもやしが「ダイズ」に手を加えてつくられたものだということは、子どもたちの知的好奇心をくすぐり、驚きを大きくします。

活用のために
「なまえつけてよ」(蜂飼耳作)という物語教材における漢字とひらがなの使い分けについて

この作品は、引っ越してきた勇太と親しくなるきっかけをつかめないでいた春花が、勇太から「なまえつけてよ」と書いた紙の馬をもらったことによって、親しくなるきっかけができた話。「名前」という漢字が17個、ひらがなの「なまえ」が題名を含めて2個出てきます。

「名前」と漢字で表記されている方は、固い、カッチリ引き締まった感じ、限定された印象を受けますが、「なまえ」とひらがな表記されている方は、温かい、優しい、親しみやすい柔らかい印象を受けます。つまり、作者が「名前」と「なまえ」を書き分けていることから、紙の馬に書かれた「なまえつけてよ」が春花にとって大きな意味をもっていることがわかります。勇太の優しさが表れているから、ひらかな表記であること、題名と同じひらかな表記で主題を表していることが読み取れます。

『「名前、つけてよ」と「なまえつけてよ」はどう違うの？』

『どうして題名は「なまえつけてよ」なの？』と問い、漢字とひらがなの使い分けの原理・原則を使うことによって解決を図ることができる作品です。

○「時」と「とき」の使い分けについて
「時間」「時点」を示す場合は「時」と漢字表記、「場合」という言い換えが可能な表現の場合は「とき」とひらがな表記をします。時間・時点を特定する意味が強いものと、必ずしも特定しているわけではないものとを使い分けています。

○「所」と「ところ」の使い分けについて
部分や場所を特定する場合は「所」と漢字表記、特定しない場合は「ところ」とひらがな表記をします。

＊漢字、ひらがなの使い方で、伝わり方が変わります。こういうところからも、言葉や言葉の使い方に対する感覚が養われます。

段落のつながりや構成をつかむために

原理・原則 9

文のはたらき（要点）に着目する

「文のはたらき（要点）」とは……

　文は段落の中で、段落は文章の中で、それぞれの役割を担っています。この役割をとらえることで、文と文、段落相互の関係がわかり、文章の構成をつかむことができます。

　いくつかの文で構成されたひとまとまりのものを形式段落といい、同じ事柄について書かれた文がつながってまとまった意味を表しています。一方、意味段落は、同じ内容の形式段落のまとまりをいいます。段落には、問題提起したり、事例を示したり、筆者の考えや意見を述べたりするなど、それぞれのはたらきがあります。

　説明文や論説文には、筆者の意見や相手に伝えたいことをまとめて書いてある部分があり、その部分を要点といいます。

　要点とは、段落の中で最も大事なところのこと。筆者が述べようとしている主要な内容です。重要な文や言葉をもとにして、一文で短くまとめたものをいいます。

　要旨は、文章全体の中で筆者が述べようとしている内容の中心ですが、要点は段落の中のポイントと考えることができます。

　要点は、より具体的な内容となることが多く、一般的には、形式段落レベルでおさえていくことを要点としています。形式段落が細かく分かれているときは、意味段落で要点をまとめます。

　要点をまとめる方法は、次のようになります。
①いくつの文で構成されているか調べる。
②中心となる大切な文を見つける。
　・それぞれの文の役割を考える。
　・それぞれの文の中から結論が述べられている文を見つける。
　・形式段落内の主語と述語から見つける。
③抜き出した一文を短くまとめる。
　・主語、述語、キーワードを見つけて文にする。
　・文末を体言止めにする。

「文のはたらき（要点）」に着目することによって解決できること

要旨をまとめることができる

　文章を読み、それぞれの段落の要点をとらえ、要点のつながりを読むことによって、要旨をまとめることができます。

　このとき、各段落の要点が要旨の判断材料になります。

実践事例

文のはたらき（要点）に着目して「すがたをかえる大豆」を読む

国分牧衛（光村図書「国語」平成27年度3年下）

教材の特徴

●最後の段落に要旨が入っている

　この説明文は、最初に大豆について説明した後、大豆の加工方法とそれによってつくられる食品の例を挙げていき、最後にもう一度大豆について説明するという、双括型の文章になっています。

　最後の段落には、まとめと工夫されてきた理由、そして、筆者の思いが述べられています。事実と感想・意見の中心である要旨が融合される形で、最後の段落に入っています。

教師が与える課題

筆者が書きたかったことは、大豆のさまざまな加工方法のことなのだろうか。
最後の段落の中で、筆者がいちばん言いたいことは何？

 ❽段落はどんな役割を果たしているのだろう。

ズレ

 ❽段落の要点はどのようにまとめたらいい？

ズレから生まれた、子どもたちの「問い」

最後の段落の中で筆者がいちばん言いたいことは？

ここで原理・原則！

それぞれの文の役割を整理することで、要点をまとめることができるよ。

筆者がどんな事例を取り上げ、どんな順序で説明しているか、その意図を見抜くことで、筆者の主張に迫る

　文章全体の構造、段落ごとの役割をつかむためには、形式段落ごとの要点をまとめられることが前提になります。

　まず、いくつの形式段落でできているかを確認するために、1字下がっているところに番号を付けます。形式段落は8個であることがわかります。

　次に、要点を次のような手順でまとめます。

①いくつの文で構成されている？
②まとめをしている文はどれ？
③主語を下において短くまとめる。

　❶段落で見てみると……。
・句点の数を数えることで、6つの文でできていることを確認させる。
・それぞれの文の役割を考えさせる。

1文目「毎日の食事には、さまざまなざいりょうが調理されて出てきます。」【前書き】

2文目「その中で、毎日口にしているものがあります。」【話題提示　これから説明しようとすることを示そうとしている】

3文目「なんだか分かりますか。」【問い】

4文目「それは、大豆です。」【答え】

5文目「意外と知られていません。」【答えに対して付け足しの説明】

6文目「大豆は、いろいろな食品にすがたをかえていることが多いので気づかれないのです。」【まとめ】

文の役割を整理すると、要点をまとめることができる。

　6文目は、文末表現「のです。」に着目すると、5文目の理由を表していることがはっきりします。それぞれの文の役割が見えてくると、❶段落は6文目をいうために書かれていることがわかります。6文目が大切な1文。このまとめの文、中心文を書き出すことができれば第一段階終了です。そして、キーワードを組み合わせ、文末を体言止めにして、短くまとめます。そうすると、❶段落の要点は、
「いろいろな食品にすがたをかえることが多いので気づかれない大豆」
となります。

　以下、同様の手順で各段落の要点をまとめていくと、次のようになります。

＜各段落の要点＞
❶段落「いろいろな食品にすがたをかえることが多いので気づかれない大豆」
❷段落「いろいろ手をくわえて、おいしく食べるくふうをされてきた大豆」
❸段落「その形のままいったり、にたりして、やわらかく、おいしくするくふう」
❹段落「こなにひいて食べるくふう」
❺段落「大豆にふくまれる大切なえいようだけを取り出して、ちがう食品にするくふう」
❻段落「目に見えない小さな生物の力をかりて、ちがう食品にするくふう」
❼段落「とり入れる時期や育て方のくふう」

説明の順序を考えさせる

　ここで改めて、子どもたちの「ズレ」にもあった❽段落を見ていきます。

　❽段落は4つの文でできていますが、それぞれの文が比較的長くなっているので、要点がとらえにくくなっています。いくつの文でできているか問うと子どもたちはすぐに答えられますが、中心となる文をたずねると、ここで子どもたちに意見の違い、ズレが生じます。1文目だと思う子、2

文目だと思う子、4文目だと思う子……などがあります。そこで、どの文が中心の文であるかの検討を行い、同時に❽段落の役割を検討します。検討する際、文と文の接続関係を指示語や接続語、主語と文末表現といった観点から検討していきます。

> 1文目「このように、大豆はいろいろなすがたで食べられています。」【まとめ】
> 2文目「ほかの作物にくらべて、こんなに多くの食べ方がくふうされてきたのは、大豆が味もよく、畑の肉といわれるくらいたくさんのえいようをふくんでいるからです。」【工夫されてきたわけ】
> 3文目「そのうえ、やせた土地にも強く、育てやすいことから、多くのちいきで植えられたためでもあります。」【大豆のとくちょう】
> 4文目「大豆のよいところに気づき、食事に取り入れてきた昔の人々のちえにおどろかされます。」【筆者の思い・全体のまとめ】

そして、最後に「この中で、筆者がいちばん言いたいことはどれだろう？」と問います。この発問から、子どもが「中心となる文＝筆者の思いが表れている文」を絞り込み、具体と抽象の関係もとらえられるようにします。

話し合いを通し、❽段落には2種類のまとめがあること、1文目は、「このように」という言葉で❸～❼段落をまとめているが、4文目はこの文章全体をまとめていることを理解した子どもたちは、迷わず4文目の「昔の人々のちえ」だと答えることができるはずです。そこから、4文目を中心の文として、❽段落の要点を短い言葉でまとめると、次のようになります。
「食事に取り入れてきた昔の人々のちえにおどろかされる」→「おどろかされる昔の人々のちえ」

❽段落の要点をまとめることで、❽段落で述べられている「昔の人々のちえ」の具体が❸～❼段落であることがよりはっきりしてきます。

その後、各段落の要点をもとに、全体を〈はじめ〉〈中〉〈終わり〉の3つに分ける作業を行います。ここで、❷段落は〈はじめ〉なのか〈中〉なのかという議論が生じます。このズレを考え合うことによって、❷段落には「昔からいろいろ手をくわえて、おいしく食べるくふうをしてきました。」と全体のまとめが書かれていること(つまり、❽段落との呼応関係をもつ双括型の文章になっていること)、問いがないことなどに気づけるようにします。また、各段落の要点の文末（文の最後に置いた主語）に着目すると明らかになることにも気づかせます。

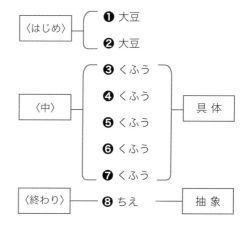

また、問いの文をつくる活動も取り入れてみます。「どこに、どんな問いを入れればよいか」を考えさせます。子どもたちは、「❷段落の後に、『どんなおいしく食べるくふうをしたのでしょうか』と入れたほうがいい」と答えるでしょう。

形式段落を構成するそれぞれの文の役割をとらえ、その中から「大切な1文」を見つけ、要点をまとめることで、段落のつながりや構成が見え、そのことは、要旨をまとめることにも役立っていきます。

読みの方向をもつために

原理・原則 10

題名に着目する

「題名」とは……

題名の付けられ方は、だいたい次の３種類に分けられます。
・話題を示すもの
　「いろいろなふね」「どうぶつ園のじゅうい」
・読者へ強くはたらきかけるもの
　「にせてだます」「アメンボはにん者か」
・筆者の主張が凝縮されたもの
　「どちらが生たまごでしょう」「想像力のスイッチを入れよう」
題名をもとに読み進めたり、筆者の考えに迫ったり、表現の工夫を考えたりするきっかけづくりに題名が使えます。

「題名」に着目することによって解決できること

発展課題を設定することができる

話題を示しているので、「いきもののあし」、「じどう車くらべ」など低学年の短い説明文では、いくつかの例を並べたものをまとめている言葉としてとらえることができます。そして、その題名のもとにさらに事例を増やす発展課題を設定することができます。

事例を詳しく読むことができる

問いをつくることができます。題名をそのまま使って題名をつくることにより、読みの課題を設定することができます。例えば「すがたをかえる大豆」のように文章中に「問い」のない文章でも、その題名をもとに事例を詳しく読むことができます。

筆者の主張に迫ることができる

「どちらが生たまごでしょう」や「和紙の心」では、文章中で説明されている「ゆでたまご」や「洋紙」が題名に表れていません。比較の対象として取り上げられているからです。ここから、筆者の主張に迫ることができます。

実践事例: 題名に着目して「どちらが生たまごでしょう」を読む

編集委員会（教育出版「小学国語」平成27年度3年下）

教材の特徴

● 題名が、筆者の主張とつながっている

・題名に「生たまご」を入れているところが、筆者の考えとつながっています。
・筆者の考えは、最後の段落にある尾括型の文章です。
・ゆでたまごと比べることにより、生たまごの特徴をきわだたせています。
・科学的思考の流れ「問題→観察・実験→検証→原因追及→考察」で書かれた文章です。
・多様な接続詞が使われているので、接続詞と内容の展開の関係をとらえることができます。

教師が与える課題

題名は「どちらがゆでたまごでしょう」でもよいのでは？

 賛成：「ゆでたまご」でよい。まず、ゆでたまごを説明しているから。

ズレ

 反対：勝手に変えてはいけない。筆者の考えがあるから。

別案：「ゆでたまご」と「生たまご」の両方のことが書かれているから、「ゆでたまごと生たまご」や「たまごの見分け方」のように変えた方がよい。

ズレから生まれた、子どもたちの「問い」

どうして、題名が「どちらが生たまごでしょう」となっているのだろう。

ここで原理・原則！

題名には、何が表されているのだろう。

解決する 問題をつくる

「題名は『どちらがゆでたまごでしょう』でもよいのではないでしょうか。」と投げかけます。

C1：わたしは、ゆでたまごでいいと思います。ゆでたまごも生たまごも詳しく出ています。実験もしていて、ゆでたまごと生たまごを見分けようとしているからです。

C2：それなら、「たまごの見分け方」の方がいいということになると思います。

C3：でも、「生たまご」にしたのは、わけがあると思います。

◆子どもたちに生まれる問題：どうして、題名が「どちらが生たまごでしょう」となっているのだろう。

表で、ゆたまごと生たまごを比べる

ゆでたまごと生たまごを比べて、生たまごの特徴をまとめさせます。

生たまごの特徴を示すために「ゆでたまご」を比較の対象として取り上げています。表に整理すると、「なぜ回り方がちがうか」のところから、ゆでたまごと生たまごそれぞれ1段落ずつ使って述べていることに気づくでしょう。「ゆでたまご」と「生たまご」を同じ項目で比べていますが、最後の段落だけ、ずれています。つまり、ここに筆者の伝えたい中心があることがわかります。

例）生たまごの中には、すきとおった、とろとろの白身が、やわらかい黄身をかこんで入っている。鳥の赤ちゃんが育つところとして、なるべく早く動きが止まる安全なつくりになっている。

文章全体の説明の流れを読む

「生たまご」を伝えたいのなら、「ゆでたまご」にはどのような必要があるのでしょう。

どのように「ゆでたまご」と「生たまご」を比べながら文章を展開しているのか、段落の文頭を比べて、段落同士の関係を考えます。

ゆでたまごと生たまごを比べた表

	ゆでたまご	生たまご
中身	❷ 白身は、かたまった黄身のまわりに、白くかたまって、からにぴったりくっついている。	❷ すきとおった、とろとろの白身が、やわらかい黄身をかこんで入っている。
色・形・大きさ	❹ 手にのせてくらべてみると、ほとんど同じ。色や、形や、重さで見分けることはむずかしい。	
回り方　軽く回す	❻ 小さなわをえがきながら回る。	❻ ゆれながら、ゆっくり回る。
回り方　強く回す	❻ 二重の円に見え、やがて、立ち上がって回る。（こまのよう）	❻ 速く回ることはない。
なぜ、回り方がちがうか	⓬ たまご全体が一つになって、こまのように回ることができる。	⓭ からといっしょに回ることはない。自分の重さで止まろうとして、内側からブレーキをかける。
よさ	（ない）	⓮ なるべく早く動きが止まったほうが鳥の赤ちゃんにとって安全だから。

〈文章の展開〉

❶ みなさんは、　　読者の意識喚起
❷ 中身のちがい
❸ 問い　　　　　　どちらがゆでたまごで、どちらが生たまごかを、見分けることはできないものでしょうか。

❹ 直感的な調べ → 結果　わからない
❺ そこで、別の調べ方
　　　　回してちがいを調べる
❻ 実験と結果
❼ このように、回り方がはっきりちがう
　　まとめ
❽ 新たな問い　　　どんなゆでたまごにも、どんな生たまごにもあてはまるでしょうか。

　　もし　仮説
❾ そこで、5つずつ用意
　　　　実験と結果
❿ こうして　見分けることができた
　　　　まとめ
⓫ ところで、
　　理由に対する問い　ゆでたまごと生たまごの回り方がちがうのはなぜでしょうか。

⓬ ゆでたまごは、　理由1
⓭ ところが、生たまごの中身は
　　　　　　理由2
⓮ 生たまごの中身が　都合がよいこと

これらから、

問い→実験→考察→新たな問い→実験

このような「思考の流れ」が繰り返されていることがわかります。

はじめにつくった問題を解決する

題名から筆者の主張に迫ることができる。

　題名を「どちらが生たまごでしょう」にした筆者の考えを、次のような形でまとめさせます。
「筆者がこの題名にしたのは、□□□□と考えたからです。」
　私たちが、ゆでたまごか生たまごかを見分けたいと思うのは、食品として食べる都合です。割らないとわからないのでは料理をするときに困ります。ついそのイメージで文章を読むと、筆者の考えとかけ離れてしまいます。
　筆者の考えを理解した上で、文章のはじまりをていねいに読むと、中身の様子の違いを説明することから始めている理由がわかります。

原理・原則10　題名に着目する

意味段落から構成を読むために

原理・原則 11

段落のまとまりに着目する

「段落のまとまり」とは……

　段落のまとまりとは、簡単に言えば「形式段落」のまとまりです。そして、形式段落のまとまりが「意味段落」になります。この「段落のまとまり」で構成されたものを「文章」といいます。では、その段落はどのようにして構成されているのでしょうか。

　まず、文字が集まって「言葉」ができます。次に、この言葉が集まって「文」ができます。そして、この文が集まって「段落」ができます。この段落を「形式段落」といいます。さらに、この段落(形式段落)が集まったまとまりを「意味段落」といいます。

　「文章」は、この意味段落がいくつか集まってできています。

　このように文章は、いくつかの意味段落の集まりでできているのです。そして、「段落のまとまり」とは、形式段落がいくつか集まってできた「意味段落」のことです。

文章の具体と抽象をとらえやすくなる

「段落のまとまり」に着目することによって解決できること

　段落のまとまりを見つけることで見えてくるのが、文章の中の「意味段落」です。さらに、この意味段落のまとまりを見つけることで文章の「構成」が見えてきます。

　「意味段落」とは、意味のまとまりごとに、いくつかの形式段落が集まったものをいいます。

　「文章の構成」とは、序論(はじめ)・本論(中)・結論(終わり)という文章の「基本三部構成」をいいます。

　形式段落のまとまりから、次のような説明文の基本構成を読むことができます。

（例）　❶段落　話題提示　　　｝序論(はじめ)
　　　　❷段落　問題提示
　　　　❸段落　事例と説明　　｝本論(中)
　　　　❹段落　まとめ
　　　　❺段落　主張(要旨)　　｝結論(終わり)

実践事例 段落のまとまりに着目して「にせてだます」を読む

編集委員会（学校図書「小学校国語」平成27年度3年上 ☞ 教材文 p.120）

教材の特徴

● 「基本三部構成〈はじめ〉〈中〉〈終わり〉」が読みにくい

この文章は、「しゃくとり虫」「カマキリ」の2つを具体例として、ぎたいの様子とその役目について9段落構成で説明されています。具体例のまとまりはとらえやすいのですが、問いの段落と❽段落の「このように」があることで、文章の三部構成がとらえにくい文章です。

このように、段落の数や具体例は少なくても、基本三部構成をどこで区切ればいいのか、子どもたちが迷ってしまうことが多く見られます。

教師が与える課題

文章を〈はじめ〉〈中〉〈終わり〉の3つに分けよう。

❸段落は〈はじめ〉で、❽段落は〈中〉だよ。

ズレ

❸段落は〈中〉、❽段落は〈終わり〉だよ。

ズレから生まれた、子どもたちの「問い」

❸段落は、〈はじめ〉？ それとも〈中〉？
❽段落は、〈中〉？ それとも〈終わり〉？

ここで原理・原則！

段落のまとまりを見てみよう。

まずは、「しゃくとり虫」と「カマキリ」の具体例が説明されている段落のまとまりを見つけることによって、具体の部分のまとまりをとらえることができるようにします。

原理・原則11　段落のまとまりに着目する　69

文章をまるごととらえるための課題から「思考のズレ」を見つける

　説明文を論理的に読むためには、段落のまとまりを考えて文章全体をまるごととらえる必要があります。そのために次のような課題を教師が提示します。

> 「にせてだます」を〈はじめ〉〈中〉〈終わり〉の三部構成に分けてみよう。

　この課題に対して次のようなさまざまな分け方が出てきます。

> ・はじめを❶❷、中を❸❹❺❻❼、終わりを❽❾と分ける。
> ・はじめを❶❷❸、中を❹❺❻❼、終わりを❽❾と分ける。
> ・はじめを❶❷、中を❸❹❺❻❼❽、終わりを❾と分ける。
> ・はじめを❶❷❸、中を❹❺❻❼❽、終わりを❾と分ける。

　そして、❸段落と❽段落をどのまとまりに入れればいいのかが問題として浮かび上がってきます。

問いの解決1
具体例から段落のまとまりをとらえる

(1)　形式段落の要点をまとめる。

　それぞれの段落の要点をまとめ、それぞれの段落が何について説明されているかがわかるようにします。

> ・❶段落…えだや草の葉や地面の色にまぎれて見つけにくいこん虫
> ・❷段落…自分のすがたや色をまわりの物や様子ににせることを「ぎたい」
> ・❸段落…こん虫のぎたいにはどんなものがあるのか？
> ・❹段落…木のえだに止まってじっとして、本物のえだに見せるしゃくとり虫
> ・❺段落…鳥に食べられないためのぎたい
> ・❻段落…草や葉の中にまぎれてじっとしているカマキリ
> ・❼段落…えものをとるためにやく立っているぎたい
> ・❽段落…みをまもったり、えものをとったりするのにやく立っているぎたい
> ・❾段落…虫が生きていくために大切な特長としての「ぎたい」

(2)　具体例としての段落のまとまりを見つける。

　要点をもとにして、具体例が説明されている段落のまとまりを見つけます。ここでは、次のような2つの具体例のまとまりがあることがわかります。

> ◆具体例1の段落のまとまり
> 　❹、❺段落
> 　　…しゃくとり虫のぎたいについての段落のまとまり
> ◆具体例2の段落のまとまり
> 　❻、❼段落
> 　　…カマキリのぎたいについての段落のまとまり

(3)　問いと答えのまとまりを考える。

　❸段落は問いの段落で、この問いに対する答えが❹❺❻❼という具体例のまとまりということがわかります。そして、❽段落の「このように～」は、問いと答えのまとまりをまとめるはたらきをしていることをとらえることができます。

段落のまとまりから文章の具体と抽象をとらえる。

　以上のことから、問いの❸段落から❽段落のまとめまでは、具体的なこん虫のぎたいについてのまとまりであることがわかり、次のようなまとまりを見つけることができます。

・はじめのまとまり……❶段落と❷段落
・中のまとまり　　　　……❸❹❺❻❼❽段落
・終わりのまとまり……❾段落

**問いの解決2
繰り返し使われる言葉から段落のまとまりをとらえる**

　この説明文では、繰り返し使われている「ぎたい」という言葉から段落のまとまりを見つけることができます。形式段落の要点から次のような違いが見つかります。

❷段落……「ぎたい」
❸段落……ぎたい
❺段落……ぎたい
❼段落……ぎたい
❽段落……ぎたい
❾段落……「ぎたい」

　このようにかぎ括弧が付いた「ぎたい」と、かぎ括弧が付いていないぎたいで段落のまとまりを見つけることができ、文章の構成をとらえることができます。
　❷段落と❾段落のかぎ括弧の付いた「ぎたい」は抽象的な意味で使われている段落のまとまり、❸❺❼❽段落のかぎ括弧が付いていないぎたいは、具体的な意味で使われている段落のまとまりに分けることができ、❶❷段落のまとまりと❸❹❺❻❼❽段落のまとまり、そして❾段落のまとま

りに分けることができます。

段落のまとまりから文章の具体と抽象をとらえる。

　このように、段落のまとまりを見つけることで文章全体の三部構成を読むことができるとともに、説明内容の具体と抽象のまとまりを読むこともできます。そして、段落のまとまりをとらえて読むことは、文章をまるごと読むことにつながっていくのです。

書かれている事柄を整理・分類するために

原理・原則 12

表を使う

「表」とは……

　表を用いることにより、文章に書かれた内容をわかりやすくまとめることができます。

　表は、縦と横の2つの軸で内容を整理して表しています。右の表でAとBには、整理するための項目が入ります。「問いと答え」を使って読むときは、問いがAに位置づきます。内容を整理した表をもとにCの列を加えると、Aの項目をまとめることができます。

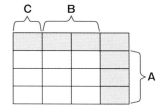

　表には、次のようなはたらきがあります。
①整理する
　　段落のまとまりや関連がわかる。
　　項目に合わせて、語句を取り出すので、重要語句がわかる。
②比較する
　　比べているいくつかのものの相違がわかる。
③説明されていること、省かれていることがわかる。

「表」を使うことよって解決できること

読みの観点が明らかになる
　表の縦の項目、横の項目を見つけることで、読みの観点が明らかになります。「問い」をここに当てはめて使うこともできます。

異なる見方を1つにまとめられる
　2種類の違う見方のものを1つの表に位置づけることができます。

具体と抽象をとらえることができる
　作った表では、埋まらない欄がでるものです。この空欄の意味を考えることで、具体と抽象をとらえることができます。また、叙述を省いた筆者の考えに迫ることができます。

文章をまとめたり、付け加えたりできる
　表の行や列を1つ増やして、各項目のまとめの部分を書くことで、
・文章全体のまとめを考えることができます。
・文章に書かれた具体例と同じように新たな事例を付け足すことができます。

実践事例: 表を使って「どうぶつ園のじゅうい」を読む

うえだ　みや（光村図書「こくご」平成 27 年度 2 年上）

教材の特徴

● 時間軸で表を作ることができるが、表に空欄ができる。
・ある日の仕事を 1 日の時間の流れに従って書いているので、表を時間軸でつくることができます。
・仕事の内容が 2 種類あるため、表に空欄ができます。出来上がった表をもとにして、表を読み取る学習ができます。

教師が与える課題

「じゅうい」はどんな人かな？

- 動物の病気やけがを治す人。
- 動物の健康診断をする人。

 ズレ

- 自分の病院にいて、呼ばれると行く人。
- 動物園の保健室のようなところにいる人。

ズレから生まれた、子どもたちの「問い」

どうぶつ園のじゅういさんは、どんな仕事をするのだろう。

表にまとめてみるとわかるよ。

どうぶつ園のじゅういさんの仕事を、表にまとめてみる

　まず、表に整理して読むための観点を設定します。これをもとにして、どうぶつ園のじゅういさんの仕事を段落ごとにまとめます。

　段落のはじめに時間を表す言葉があるので、「いつ」を軸にします。

　表を使って読むと、立てた読みの項目について、すべての欄がうまるわけではありません。下のように、表の２か所（A、B）が空欄になってしまいます。

　そこで、出来上がった表の空欄になっているところについて考えます。「どんな動物」の欄を見ると、どうぶつ園のじゅういさんが世話をする動物が少ないことに気づきます。それは、この文章は「ある日」という１日の記録をもとに説明しているからです。どうぶつ園のじゅういさんの仕事を、１日の様子を中心に伝えています。

「どうしてＡ、Ｂの欄に動物の名前がないのだろう。」
と表をもとに考えさせると、どうぶつ園のじゅういさんの仕事には２種類あることがわかります。

それは❶段落の

>　わたしのしごとは、どうぶつたちが元気にくらせるようにすることです。どうぶつがびょうきやけがをしたときには、ちりょうをします。

につながります。つまり、
・動物が元気にくらせるようにする仕事
・動物の治療をする仕事
の２つです。

　これを確認したうえで、表に書かれた「どのようなしごと」が、それぞれどちらなのかを見てみます。２つの仕事のどちらなのかを表すマークなどを表に書き込んだり、色分けしたりします。すると、朝と１日の仕事の終わりが同じことに気づきます。

　また、「しごとのきっかけ」の欄を記入することで、しいくいんさんとの協力で仕事をしていることにも気づかせるようにします。治療の時に協力している様子も、作った表をもとに文章をとらえ直す学習ができます。

段落	❷	❸	❹	❺	❻	❼	❽	❾
いつ	朝	見回りがおわるころ	お昼前	お昼すぎ	夕方	一日のしごとのおわり	どうぶつ園を出る前	
どのようなしごと	どうぶつ園の中を見回る。	おなかに赤ちゃんがいるかみる。	くすりをのませる。	はのちりょう	くすりをのませて、ボールペンをはかせる。	日記を書く。	おふろに入る。	長い一日がおわる。
どんなどうぶつ	A（どうぶつたち）	いのしし	にほんざる	ワラビー	ペンギン	B（どうぶつ）		
しごとのきっかけ	しごとのはじまり	しいくいんさんによばれた。	びょういんでまっていた。	ちりょうすることになっていた。	しいくいんさんから電話がかかってきた。	毎日、きろく		

活用例

表を使って「じどう車くらべ」を読む

編集委員会（光村図書「こくご」平成27年度1年下）

教材の特徴

同じ構成が繰り返されている

- 同じ構成を繰り返す説明の仕方で自動車を説明し、特徴を比べられるようにしています。
- 「つくり」と「しごと」を関連づけて説明しています。「そのために」を使って「つくり」と「しごと」の関係を明らかにしています。
- 「にだい」「つり上げる」など、挿絵で意味を確かめながら読むとよい言葉があります。
- 「バスやじょうよう車」「トラック」「クレーン車」→「はしご車」→「ほかのじどう車」と段階的に順を追って、表現活動へつなげています。

教師が与える課題

「しごと」や「つくり」を書いたカードを集めて、まとまりをつくろう。

車ごとにまとめたよ。 ⇔ズレ⇔ カードの役割ごとにまとめたよ。

バスやじょうよう車　トラック　クレーン車　　　つくり　車の絵　しごと

ズレから生まれた、子どもたちの「問い」

2つの分け方を、どうしたらまとめられるのだろう。

ここで原理・原則！

表にまとめてみよう。

えらんだ車	はしご車	クレーン車	トラック	バス・じょうよう車	車
		（クレーン車の絵）	（トラックの絵）	（バスの絵）	さしえ
		おもいものをつり上げる	にもつをはこぶ	人をのせてはこぶ	しごと
		じょうぶなあししっかりした	ひろいにだいタイヤがたくさん	ざせき、大きなまど	つくり

活用例

表を使って「ほたるの一生」を読む

ささき　こん（学校図書「小学校こくご」平成27年度2年上 ☞ 教材文 p.122）

教材の特徴

ほたるの一生の始まりと終わりがとらえにくい

・文の主語をおさえることで、昆虫の成長について知識のない児童も「たまご→幼虫→さなぎ→成虫」という成長の順序をおさえながら読むことができます。
・写真により、ほたるの成長と体の変化を知ることができます。
・ほたるの一生の始まり・終わりと文章の始まり・終わりが一致していません。
・時を表す言葉と時間の経過を関連させると幼虫の期間が長い一生であることがわかります。

教師が与える課題

ほたるは、いつ生まれるのだろう。

たまごからよう虫になる8月ごろ。　ズレ　せい虫がたまごをうむ7月。

ズレから生まれた、子どもたちの「問い」

ほたるは一生をどのようにすごすのだろう。

ここで原理・原則！

表にまとめてみよう。

ほたるの一生を表にまとめる

「ほたるの一生は、いつ始まるのでしょう。」
　この問いに対して、「たまごからかえる」ことが「生まれる」ことだと思っている子どももいるので、ズレを生じさせることができます。
　2年生は、昆虫の成長についての知識を十分にもっているとはいえません。
　そこで、文中の問いにもなっているように、「いつ生まれ、どのように一生をすごすのでしょう。」を読みの課題として設定します。
　まず、ほたるは、生まれてから、住む場所も体の形も変わっていくのだととらえます。たまごも幼虫も「ほたる」であって、「光を発する成虫だけがほたる」なのではないことを確かめさせてお

きます。そして、文の主語をおさえることで、「たまご→幼虫→さなぎ→成虫」という成長の順序をつかませます。

　ほたるの一生はたまごから始まります。それは、7月のことなので、「いつ生まれるのか」の答えは7月になると、ここでおさえます。そして、それぞれの段落が成長のどの段階について書かれているのか、関連付け、段落のまとまり（意味段落）をとらえます。

　❶、❷段落は、話題や問いの段落です。ほたるの一生の説明は、「7月のはじめごろ」で始まる第❸段落からになります。

　❸段落では、「おすとめすは」「おすは」という主語で書かれています。⓫段落では、「成虫」になります。どちらもほたるの「大人」を表す言葉ですが、親しみのある言葉を先に使っているのは、読み手を意識した筆者の工夫です。

　写真も活用しながら、ほたるが生まれてから、成虫になるまでの体の変化、成長の順序を読んでいきます。成長の順序をつかんだところで、生活場所、期間など、詳しく読んで表にまとめる次の段階へ進みます。

ほたるの一生を表にまとめる

　文章は、「おすとめすは」という成虫の様子から始まっています。けれども、一生の始まりは「たまご」です。そこで、下のような表を使って「たまご」が生まれる7月から始まる12か月の成長の様子を表します。

　はじめに「月」を7月から次の年の7月まで書きます。その後、文中からわかることを記入します。

　わかりやすく伝えるために表が役立つことを学ぶことができます。また、成長の順序と時間の長さを確認することができます。「いつ」「何日くらい」などの数字が多く使われていることに気づかせます。このような説明的な文章の特徴もとらえるとよいでしょう。また、「どこでくらすか」「どんな体の様子か」「どんなことをするのか」など変化を追い、比べながら読むとよいことに気づかせます。

＜ほたるの一生カレンダー＞

月	七月	八月	九月	十月	十一月	十二月	一月	二月	三月	四月	五月	六月	七月
時をあらわすことば		一か月後								四月のおわりごろ	やく五週間後	やく二、三日後	
段落	❹	❻	❼							❽❾	❿	⓫	❸❹❺
ほたるのようす	たまごがうまれる。	よう虫になる。		だっぴをくりかえす。食べ物…かわにな						「土まゆ」を作る。	さなぎになる。	よう虫は、土まゆをこわして地上に出る。	おすとめすは光りはじめ、けっこんをする。めすは、たまごをうむ。十日間ぐらいでしぬ。
いるところ	水べのこけ			川の中							川ぎし		地上
絵													

執筆者 座談会 2

今、なぜ国語の原理・原則を教えることが大切なのか

出席者　白石範孝／江見みどり／駒形みゆき／田島亮一／野中太一

「イメージと感覚の読み」でも、実は無意識のうちに原理・原則を使った読みをしているのではないか。

白石　次期学習指導要領の方向として、「生きる力の理念の具体化を図る資質・能力」の具体的な柱として「生きてはたらく知識・技能の習得」が挙げられています。これが1つ目。2つ目は「どの状況にも対応できる思考力・判断力・表現力」です。そして3つ目が、「学びを社会や人生に活かそうとする、学びに向かう力、人間性の涵養(かんよう)」なんです。この3つを打ち出したことは、とても意味のあることだと思います。先ほど野中先生が「『わかった』『おもしろい』という情意面が原理・原則を使うことによって培われていく」とおっしゃいました（座談会1参照）。次期学習指導要領が示している「学びを社会や人生に活かそうとする、学びに向かう力、人間性の涵養」と原理・原則の必要性とが結びつくように思います。

野中　いわゆる文学少女、文学青年の読みと、原理・原則を使った読みとは何が違うのかというと、思考が違うと思うんです。原理・原則という「ものさし」をもって文章を読むときには必ず思考がはたらきます。一方、文学少女、文学青年の読みは、そこに書かれた世界に浸って、その世界を気持ちよく感じる読みです。それが悪いわけではないのですが、論理的な思考がはたらかず、活用する力になっていくわけではありません。「国語」と

> 原理・原則を大切にすることは次期学習指導要領とも一致する。

いう学習の一環として読む場合には、やはり思考の伴う読みが必要だと思いますし、思考の伴った読みの力をつけることによって、本当の意味で、自分が生きていく社会において、主体的に自分から言葉や文にはたらきかけ、接していこうという態度も育つのではないかなと思いました。

白石 次期学習指導要領でいちばんポイントになってきているのが、「資質・能力」でしょ。本来、「資質」と「能力」は違うものじゃないですか。違うことがわかっていながらなぜこの2つを並列に並べたのかというと、まさに、知識・技能、思考力・判断力・表現力は、「能力」であって、その能力に我々は「原理・原則」というものを与えようとしています。それを与えられた子どもたちは、学びに向かう力、人間性に発展していく。子どものやる気につながっていく。やる気だけじゃなくて、楽しみ方がわかっていく。これがとても大切な3要素だなと思っています。

> 次期学習指導要領は、なぜ資質と能力を並列に位置づけたのか。

田島 「文学少女・文学青年」という話が出てきました。野中先生は、彼らは書かれている世界に浸っているという表現をされました。白石先生がよくおっしゃる「イメージと感覚の読み」だと思います。ただ、「イメージ」や「感覚」も、漫然と読んでいたのでは得られないでしょう。そこに書かれていることを読み取り、何らかの思考があってはじめて、イメージや感覚をもつことができるわけです。文学少女、文学青年も、原理・原則を使った読みをしているのだと、私は考えています。ただ、彼らはそのことをメタ認知していない。無意識に行っていて、表出された感動や思いを共有しているだけなのだと思います。それでは汎用的な読みの力に結びつけることは難しいでしょう。実は感動や思いの土台になっている教材の論理があって、その論理を解き明かすためには原理・原則が必要なんだということが初めて自分の中にメタ認知できたときに、「そうか、原理・原則でこの感動が生まれているんだな」と自覚が生まれるのだと、自分では整理しています。

> 文学少女、文学青年は、原理・原則を使っていることをメタ認知していない。

白石 私も、イメージや感覚をすべて否定しているわけではないんです。イメージや感覚で止まってしまっていることがまずいと言っているんです。イメージや感覚を一歩進めて、「どうしてこ

の詩を読んだときにこんなに強烈に感動がわき上がってくるんだろう」と考えたときに、「リズムがこうなっているからだ」と思えるようになってほしい。そして、「なるほど、じゃあ、自分の喜びを伝えるときには、こんな方法を使えばいいんだよな」と、読みも表現も豊かになっていく。それが「資質」を伸ばすことなんです。原理・原則を学ぶということは、まさに「資質に影響を与える、刺激を与える」ということなのです。

> 原理・原則を学ぶことは、資質に刺激を与えること。

文法がつまらなかったので、国語が嫌いに。その原因は、文法に着目すると何ができるのかを教えてもらえなかったから

田島 実は私は子どもの頃、国語が嫌いだったんです。授業で、「動詞に着目しなさい」「接続詞に着目しなさい」といったことを言われるんです。言ってみれば、原理・原則を先に教えられたわけですが、何のために動詞や接続詞に着目しなければならないのかが、まったくわからなかった。それがものすごくつらくて、国語が好きになれなかったんです。

白石 古典や漢文で同じようなことをよく聞きますね。文法事項から入って、しかもどんどん詰め込まれるので、みんな嫌いになっていくという……。

野中 知識のみを与えようとしたからですよね。

田島 大学で言語学を学んだときに初めて「生成文法」という言葉を知って、「文脈が大事なんだ」ということを理解し、そこから反対に、きまりや原理・原則の大切さに気づくことができました。

野中 国語が何のための教科なのかということを、語弊を恐れずに短く言うと「言葉のはたらきに着目したり、言葉の効果を感じたり」というところに、結局は目的があるんだと思います。そうするためには、さっき言っていた、文学少女、文学青年が表層

> 何のために着目するのかがわからずに、国語が好きになれなかった。

だけの思いを共有していくのではなく、どの言葉からということにちゃんと着目していくということが本当は国語科のねらいなのかなと。

駒形 文法はおもしろくないというイメージは確かに強いのですが、実際に授業で「つなぎ言葉」とか「こそあど言葉」を学ぶと、子どもたちはけっこうおもしろがって乗るんですよね。だから、説明文や物語文の読解を長い時間やるより、そういう直接的な知識に興味をもつのかもしれないなと考えることがあります。子どもが「家に帰ってからも調べたよ」って言ってくるのは、けっこうそういう言語事項だったりするので、そこはもうちょっと考えてもいいのではないでしょうか。子どもはもっと知識を求めているんだろうと思います。

田島 つまり、私が子どものときには、文法を学んだことによってどんな効果があるかということを、教えてもらえなかった。文法は文法で教えてくれたんだけど、結局はそのことが読むことにどう活用できるのか、読み取ることに文法がどう生きるのかというところの授業を私は受けたことがなかったわけです。文法のことと、読むこととが分かれちゃっていた。そういうところが問題だったんだと思います。

駒形 文法がどう生きるのかということが、原理・原則の中身のひとつですよね。用語がどう生きるのかということも、原理・原則に入ってくると考えられますね。

田島 その通りだと思います。

> 子どもは、直接的な知識にも興味をもっているのではないか。

音楽教育が国語教育よりも
一歩先を進んでいるのかもしれない。

駒形 今、文法の話を聞いて、音楽も一緒だなと思いました。実は私の学校の校内研が音楽なんです。昔は音楽って、歌うときの「楽しかった」というのと、楽典とがまったく乖離していたように思います。「移調しましょう」とか教えてもらいましたが、それがいったい何に生きるのかはわからなかったし、四分音符とか八分音符とか、クレッシェンドとか、フォルテ記号とか覚えたけど、それが歌っているときの自分たちの気持ちといったいどうリンクするのかということが、全然結びつけられていなかったように思います。

白石 言われてみれば国語のおかれている状況と似ていますね。

野中 例えばいま私たちは、「詩の技法と効果」といった表現をしますが、音楽ではそれが「知覚と感受」という言葉で表されているんです。「歌っていてワクワクしてきた」っていうときに、「どうしてワクワクしてきたのかな」を考える。すると、「あ、だんだん早くなってるからだ」と気づくわけです。あるいは、「四分音符だったのが、突然ここで八分音符とか十六分音符とか、スタッカートが入っているからだ」と。「感受」っていうのが「イメージ」で、「知覚」っていうのが国語でいう「用語」なんですよね。そこを結びつけることによって、自分たちが音楽に主体的にはたらきかけることができる子どもたちになろうというのが、いまの音楽科の目標なんだそうです。

江見 まさに国語も同じですね。そう考えると、もしかしたら国語のほうが音楽よりもちょっと遅れているのかも……。

野中 私も、私たちがいま国語でやろうとしていることは、まさに音楽で今やっていることと同じだと思います。国語は言葉なのでもう少し幅が広くて大変な領域だと思いますが、音楽がやろうとしていることと、私たちがいま目指している方向は似ているなと思います。

> 「詩の技法と効果」は、音楽の「知覚と感受」と同じ。

> 音楽では、「どうしてワクワクしてきたんだろう」を論理的に考えさせている。

第三章

文章に関係する原理・原則

書かれている事柄を整理・分類するために

原理・原則 13

問いと答えに着目する

「問いと答え」とは……

　説明文は、問いの文と答えの文から成り立っています。それは、説明文が、ある情報について、既知の者（筆者）が、未知の者（読者）にその内容や魅力を伝える目的で書かれているからです。

○いろいろな「問い」と「答え」の型

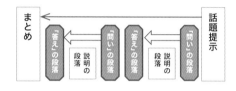

「問いと答え」に着目することによって解決できること

文章を意味段落に分けることができる

　「問い」と「答え」の結び付きはとても強く、問いの段落から答えの段落が1つのまとまりを成します。別の言い方をすれば、問いの文と答えの文を探せば、文章を意味段落に分けることができます。

　時には、問いの文がない文章もあります。そんなときも、「問い」と「答え」の構造は存在しているので、まとめの文（筆者がいちばん伝えたい文）に対して、問いの文をつくり、つくった問いの文がどこに入るかを考えることで、段落のまとまりをとらえることができます。

実践事例

問いと答えに着目して「どちらが生たまごでしょう」を読む

編集委員会（教育出版「小学国語」平成27年度3年下）

教材の特徴

● 「問い」と「答え」が〈中〉の意味段落を構成している

・生たまごとゆでたまごを比較して、生たまごの特長のすばらしさを伝えています。
・2つの大きな問いで〈中〉の事例を挙げています。
・「問い」→「実験」→「結果」→「まとめ」（新たな問い）という科学的思考で展開されています。

教師が与える課題

文章を〈はじめ〉〈中〉〈終わり〉の3つに分けよう。

〈はじめ〉は❶❷❸で、〈終わり〉は⓭⓮。

ズレ

〈はじめ〉は❶で、〈終わり〉は⓮。

ズレから生まれた、子どもたちの「問い」

〈はじめ〉のまとまりはどこ？〈終わり〉のまとまりはどこ？

問いと答えに着目すると、意味段落に分けることができるよ。

問いの文を見つける

「問いの文と答えの文を探そう」「問いの文と答えの文は１つのまとまりになるよね」と投げかけ、子どものズレから生まれた「問い」を解決する視点を与えます。

「この文章に問いの文はいくつありますか」と投げかけると、子どもたちは３つと答えて、次の文を挙げます。

❸段落
「たまごのからをわらないで、どちらがゆでたまごで、どちらが生たまごかを、見分けることはできないものでしょうか。」

❽段落
「この回り方は、どんなゆでたまごにも、どんな生たまごにもあてはまるでしょうか。」

⓫段落
「ところで、ゆでたまごと生たまごの回り方がちがうのはなぜでしょうか。」

問いと答えから意味段落に分けることができる。

それぞれの問いに対する答えをさがす

子どもたちに、それぞれの問いに対する答えはどの段落にあるかを探させると、❽段落の問いと、⓫段落の問いに対する答えは次のようになっていることがわかります。

❽段落の問いに対する答え
　→❾段落
　　「すると、どのゆでたまごも、こまのように速く回りました。また、どの生たまごも、ゆれながら、ゆっくり回りました。」

⓫段落の問いに対する答え
　→⓬段落
　　「ゆでたまごは、中身が全てかたまって、白身がからにぴったりついています。たまご全体が一つになって、こまのように回ることができるのです。」
　→⓭段落
　　「生たまごの中身は、とろとろしています。…自分の重さで止まろうとします。回ろうとするたまごに、内側からブレーキをかけることになるのです。」

一方で、「❸段落の問いに対する答えの文がよくわからない」という反応が出てきます。

〈中〉のまとまりを整理する

ここで、「答えの文」が見つからない❸段落の問いの文をもう一度確認してみます。❽❾段落が１つのまとまり、⓫〜⓭段落が１つのまとまりになっていることが見えると、❸段落の問いに対する答えは、❿段落にあることに気づきます。つまり、❽❾段落をまたいでいるのです。

前にも見たように、❽段落の問いに対する答えの文は、すぐあとの❾段落にありますから、❽段落と❾段落が「くっついている」ことは、子どもたちも理解しています。

これらのことから、❸〜❿段落は、次のような関係になっていることがわかります。

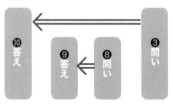

また、
・❸段落の問い→❿段落の答え
・❽段落の問い→❾段落の答え

という「問い」と「答え」の関係のほかに、
・⓫段落の問い→⓬⓭段落の答え
という関係もあることは、これまでの学習で子どもたちも理解しています。

そこで、これらの問いと答えの関係を図に表すと、次のようになります。

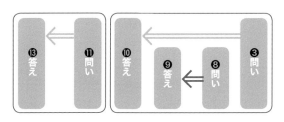

となります。

この図から、子どもたちに次のことを気づかせます。

・「問いと答え」の関係から、「部分のまとまり」が見えてくる。
・「問いと答え」の関係の間に、小さな「問いと答え」が、はさまれていることがある。
・「どちらが生たまごでしょう」の中には、大きな問いが2つある。

これらのことから、❸〜⓭段落が大きなかたまりになっているので、
〈はじめ〉…かたまりの前の❶❷段落
〈終わり〉…かたまりのあとの⓮段落
であるということがはっきりしました。

このように、「問いと答え」の関係に着目して文章構造を明らかにすることによって、まとめの文がどの段落にあるのかをはっきりさせることができます。そこから、この文章を通して筆者は何を伝えたかったのかが見えてきます。

この教材では、書かれている内容のおもしろさから、生たまごとゆでたまごの違いを読み取ることだけで満足してしまいがちです。しかし、「全体を3つに分けてみよう」という投げかけから「問いと答え」の関係に着目させることによって、筆者が最も伝えたかったのは、たまごがもっている機能のすばらしさであることに気づくことができるのです。

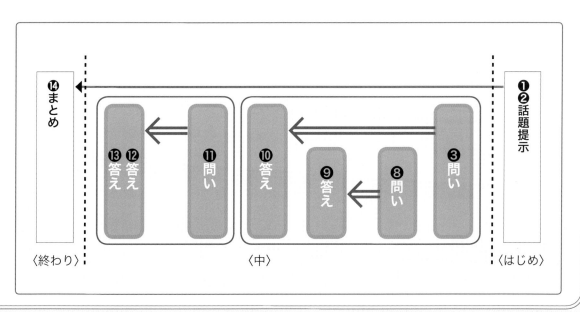

原理・原則13　問いと答えに着目する　87

意味段落を見つけるために

原理・原則 14

主語連鎖に着目する

「主語連鎖」とは……

　説明文は、いくつかの形式段落の集まりでできています。そして、その形式段落がいくつか集まって意味段落をつくり、その意味段落のつながりによって文章が構成されています。
　さらに、形式段落はいくつかの文で構成されたひとまとまりの内容をいいます。その形式段落の中心となる語を形式段落の主語といいます。形式段落が何について書かれた段落かを示しています。「形式段落の主語は？」と問いかけてもとらえにくい場合は、「形式段落は何について説明されていますか？」と問いかけると形式段落の主語をとらえやすくなります。
　「主語連鎖」とは、形式段落の主語を見つけ、そのつながりから形式段落のまとまり（意味段落）を見つけることです。その同じ主語を１つのまとまりとして段落のまとまり（意味段落）をつくることができます。
　「主語連鎖」と同じようなことができるのが「要点」です。「要点」は、形式段落の内容を短くまとめたものです。形式段落の中でいちばん重要な一文を取り出し、それを短くまとめます。そのとき、取り出した一文の主語を文末に置いてまとめます。すると、要点としてまとめた一文の文末が主語になります。
　すべての形式段落の要点を並べて文末の主語を見ると、主語によってまとまりができます。これも「主語連鎖」を使うことになります。

「主語連鎖」に着目することによって解決できること

意味段落をとらえることができる

　「主語連鎖に着目する」ことによって解決できることのいちばんは、形式段落のまとまり（意味段落）をとらえることです。
　意味段落に分ける活動でいつも問題になるのは、どこでまとまりを区切るかということです。さまざまな区切り方が出てきて答えを明確にするのが難しい場面です。
　なぜこのようなことが起こってしまうのか？　それは、それぞれの読みの観点が違うために起こってしまうのです。このようなときに役立つのが、「主語連鎖」です。

実践事例 主語連鎖に着目して「あきあかねの一生」を読む

さとう ゆうこう（光村図書「こくご」平成元年度 2年上 ☞ 教材文 p.123）

教材の特徴

● 「どんなひみつ」「いくつのひみつ」が読み取りにくい

この文章は、季節の移り変わりとともにあきあかねが生まれてからたまごを産んで一生を終える内容が5段落構成で説明されています。

文章全体のまとまりをとらえるために、「どんなまとまりがいくつできる？」と投げかけると段落の数は少ないものの、その分け方はさまざまな考えが出てきます。「春・夏・秋という季節で分ける。」「あきあかねの体の変化で分ける。」という大きく2つの分け方が出てくるでしょう。

このように段落の数は少なくとも、意味段落に分ける観点によって、さまざまな区切り方ができます。「主語連鎖」の考え方を活用することでそれを解決できます。

教師が与える課題

「あきあかねの一生」は、いくつの、どんなまとまりができるかな？

 「春」「夏」「秋」という季節で分けるから、❶❷と❸❹と❺。

ズレ

 あきあかねの体の変化で分けるから、❶❷❸と❹❺。

ズレから生まれた、子どもたちの「問い」

「季節で分けるの？」それとも「体の変化で分けるの？」どっちがいいの？

ここで原理・原則！

それぞれの段落の「主語」を探し、段落のまとまりを見つけよう。

文章をまるごととらえるための課題から「思考のズレ」を考える

説明文を論理的に読むためには、文章全体の構成を考えて読むことが重要です。そのためには文章全体をまるごととらえる必要があるので、次のような課題を教師が提示します。

> 説明文を読んで、どんなまとまりがいくつできるかを考えてみよう。

この課題に対して、文章全体を読んで一人一人がそのまとまりを見つけます。すると、次のようなさまざまなまとまりが出てきます。

- ❶❷、❸❹、❺
……「春」と「夏」と「秋」のまとまりで分けた。
- ❶、❷❸、❹、❺
……「あきあかねの子ども」と「やご」と「おとなになったばかりのあきあかね」と「あきあかね」のまとまりで分けた。
- ❶、❷❸、❹❺
……「あきあかねの子ども」と「やご」と「あきあかね」のまとまりで分けた。
- ❶❷❸、❹❺
……「やご」と「あきあかね」のまとまりで分けた。
- ❶❷、❸❹❺
……「水の中の生活」と「地上の生活」のまとまりで分けた。
- ❶、❷❸❹、❺
……「たまごからかえる」と「あきあかねになる」と「たまごをうんで一生をおえる」のまとまりで分けた。

以上のように大きく分けると「季節によってまとまりに分ける」方法と「あきあかねの体の変化によって分ける」方法の2つの考えが出てきますが、「あきあかねの変化」によって分けることにおいては、体の変化や場所の変化によってさまざまな考え方が出てきます。

このさまざまな分け方が子どもたちの「思考のズレ」が生じた場面です。このズレが次のような子どもたちの問いとなります。

> 「季節で分けるの？」それとも「体の変化で分けるの？」どっちがいいの？

◆問いの解決1
「主語連鎖」に着目して段落のまとまりをとらえる

(1) 形式段落の中心文を取り出す。

段落の「主語」を探し、段落のまとまりを見つける。

それぞれの形式段落の主語を探すことから始めますが、「主語」がわからないときは、段落の中でまとめをしている、中心となる1文を取り出します。

ただし、❸❹❺段落は、段落全体をまとめるようにして要点をまとめ、それぞれの段落が何について説明されているかがわかるようにします。

- ❶段落　春になると、池や小川の水の中で、あきあかねの子どもが、たまごからかえります。
- ❷段落　やごは、何回も何回もかわをぬいで、大きくなっていきます。
- ❸段落　夏のはじめの夜、やごはさいごのかわをぬいでおとなのあきあかねになります。

- ❹段落　あきあかねは、はねをかわかし、ふつか目には、えさをさがしてとびはじめ、すずしい山へむかってとんでいきます。
- ❺段落　あきあかねは、秋になると池や小川にかえって、たまごをうんだあと、みじかい一生をおわります。

それぞれの段落の主語を取り出すと、❶「あきあかねの子ども」、❷「やご」、❸「やご」、❹「あきあかね」、❺「あきあかね」となります。

(2)　問いかけの形で「主語」を取り出す。

これでも主語を取り出せないときは、次のような投げかけをします。

- ❶段落　春に池や小川の水の中でたまごからかえるのは、だれですか？
- ❷段落　何回も何回もかわをぬいで、大きくなるのは、だれですか？
- ❸段落　せなかがわれはじめてから1時間ぐらいで、おとなのあきあかねになるのは、だれですか？
- ❹段落　体に力がつくと、すずしい山へむかってとんでいくのは、だれですか？
- ❺段落　たまごをうんだあと、みじかい一生をおわるのは、だれですか？

このような問いかけによって、「主語」をよりとらえやすくなります。

◆問いの解決2
「主語」からまとまりを読む

取り出したそれぞれの段落の主語❶「あきあかねの子ども」、❷「やご」、❸「やご」、❹「あきあかね」、❺「あきあかね」からまとまりを見ると次のようになります。

❶段落・・・・・「あきあかねの子ども」
❷❸段落・・・・「やご」
❹❺段落・・・・「あきあかね」

という3つのまとまりができることがわかります。

一見、この3つのまとまりが答えのように見えますが、❶段落の内容を確認すると次のように書かれています。

> 春になると、池や小川の水の中で、あきあかねの子どもが、たまごからかえります。二ミリメートルぐらいの小さな子どもで、やごとよばれます。

この内容から、「あきあかねの子ども」は、「やご」であることがわかります。ということは、❶段落の主語は「やご」ということがわかります。

このことから、問いに対する答えは次のように2つのまとまりに分けることができるのです。

- ◆ ❶❷❸……「やご」のまとまり
- ◆ ❹❺………「あきあかね」のまとまり

つまり、「体の変化」で分けています。

活用例

主語連鎖に着目して「たんぽぽのちえ」を読む

うえむら としお（光村図書「こくご」平成27年度 2年上）

教材の特徴

「どんなちえなのか？」その内容が読み取りにくい

「たんぽぽのちえ」は、たんぽぽがどのような知恵をはたらかせて、新しい仲間を増やすのかが書かれていて、何が説明されているのかがはっきりした文章である。しかし、どんな知恵が書かれているのかを読むのはとても難しい説明文でもあります。

基本的な段落構成は、たんぽぽが「すること」と「その理由」が説明されていますが、どちらがたんぽぽの知恵になるのかがわからないので、「どんなちえ」が「いくつ」説明されているかが明確になりません。

この問題の解決をめざすには、「ちえ」の意味を明確にして、「主語連鎖」に着目して段落のまとまりをとらえることが大切です。

教師が与える課題

「たんぽぽのちえ」という題名を使って、問いの文をつくろう。

題名を使って問いの文をつくり、読みの方向をもたせます。重要なことは、題名をそっくりそのまま使うことが大切で、そっくりそのまま使うことで、読んでいく内容も絞られてきます。基本文型「『たんぽぽのちえ』って……」を使うことでつくりやすくなります。

実際に子どもたちから出てくる問いは、「『たんぽぽのちえ』って、どんなちえがあるの？」というように、知恵の内容を問うものがほとんどで、数を問う問題はなかなか出てきません。そこで、「『たんぽぽのちえ』って、いくつあるの？」と提示し、「『たんぽぽのちえ』って、どんなちえがいくつあるの？」というちえの内容と数を問う問いができ、読みの方向ができます。

> 問いに対する答えはさまざまな内容と数が出てくるね。

◆「ちえ」ということばの意味の理解が曖昧である。どんなことが「ちえ」に当たるのかを明確にする必要がある。

◆「たんぽぽがすること」と「その理由」が1つの段落内で説明されているので、どちらが「ちえ」になるのかがわからない。

◆それぞれの段落に説明されている内容が、たんぽぽの何について説明されているのかがはっきりしない。

以上のことから、子どもたちにさまざまな「思考のズレ」が生まれます。

ズレから生まれた、子どもたちの「問い」

「たんぽぽのちえ」って、どんな「ちえ」で、「いくつ」あるのだろう？

ここで原理・原則！

何を比較しているのかを読むことで、筆者の主張をとらえよう。

◆形式段落の主語は？
　❶「花」、　❷「じく」、　❸「じく」、　❹「わた毛」、❺「わた毛」、
　❻「じく」、❼「じく」、❽「わた毛」、❾「わた毛」、❿「ちえ」

◆まとまりは？
　・❶……前書き　　　・❷❸……「じく」
　・❹❺……「わた毛」　・❻❼……「じく」
　・❽❾……「わた毛」　・❿……まとめ

◆「ちえ」はどっち？
　・❷「じくがすること」、❸「その理由」
　・❹「わた毛ができる」、❺「その理由」
　・❻「じくがすること」、❼「その理由」
　・❽「わた毛がすること・理由」、❾「わた毛がすること・理由」

◆「ちえ」って？
　じくやわた毛が「すること」は、ある目的のためです。とすると、「ちえをはたらかせる」とは目的のためにすることであると考えれば、じくやわた毛がすることととらえ、以下のような5つのちえをまとめて問いを解決します。
　・❷段落の「じくがたおれる」　・❹段落の「わた毛ができる」
　・❻段落「じくがおき上がる」　・❽段落「わた毛がひらく」
　・❾段落「わた毛がすぼむ」
　※❽❾段落は主語が同じ「わた毛」であることから1つの「ちえ」とする。

・1の知恵「じくがたおれる」
・2の知恵「わた毛ができる」
・3の知恵「じくがおき上がる」
・4の知恵「わた毛が天気によってひらいたりすぼんだりする」

筆者の主張に迫るために

原理・原則 15

順序に着目する

「順序」とは……

説明文では、筆者が事例を挙げる場合の順序には、次のようなものがあります。
・時間的順序
・事柄の順序
・一般的なもの→特殊なもの
・易しいもの→難しいもの
・簡単、単純なもの→複雑なもの
・知られているもの→あまり知られていないもの
・見えるもの→見えないもの
・具体的なもの→抽象的なもの
・普通のものからだんだん意外性のあるものへ
・読者の驚きが小さいものから大きいものへ
・読者がわかりやすいもの、身近に感じるものから順に
・ある価値判断に照らした順序
・重要度の高い順序、説得力の高い順序

「順序」に着目することによって解決できること

筆者の意図を見抜くことができる

　順序性には意味があり、それは筆者が自分の主張をわかりやすく伝えるための述べ方、書き方の工夫です。筆者がどんな事例を取り上げ、選択し、それをどういう順序で説明しているか、その意図を見抜くことが重要です。

| 実践事例 | 説明の「順序」に着目して「すがたをかえる大豆」を読む |

国分牧衛（光村図書「国語」平成27年度3年下）

教材の特徴

● 筆者の説明の工夫を読むことで、筆者の主張に迫ることができる

〈はじめ〉（話題提示）・〈中〉（おいしく食べるための工夫例）・〈終わり〉（筆者の考え）といった基本構成で、「中」に5つの事例が書かれています。

事例の挙げ方の特徴としては、手の加え方を分類の基準として、「いちばんわかりやすいのは」「次に」「また」「さらに」といった列挙を表す接続語を使いながら、大豆の形を残したわかりやすい食品から、より複雑な加工を施し大豆からできたことに気づきにくい食品の順に説明しています。そして、最後に「これらのほかに」と、ダイズのとり入れる時期や育て方を工夫したものを挙げ、おいしく食べる工夫の根本的な違いを明確にし、大豆がいろいろなすがたで食べられることを強調しています。これら、読み手を意識した筆者の説明の工夫を読むことで、筆者の主張に迫ることができる教材です。

教師が与える課題

大豆が何にどのようにすがたをかえるのかを、筆者はどのように説明しているのだろう。筆者の説明の仕方の工夫を見つけよう。

順番を入れ替えても説明できるのではないかな。

ズレ

「これらのほかに」と別扱いしているのはなぜ？

ズレから生まれた、子どもたちの「問い」

どうしてこの順序なの？

ここで原理・原則！

事例は、「一般的なもの→特殊なもの」「知られているもの→あまり知られていないもの」の順序で述べられているよ。

筆者がどんな事例を取り上げ、どんな順序で説明しているか、その意図を見抜くことで、筆者の主張に迫る

この説明文は、

〈はじめ〉
　❶段落：話題提示
　❷段落：大豆の紹介・まとめ
〈中〉1
　❸段落：大豆の形のまま柔らかく、おいしくする工夫
　❹段落：粉にひいて食べる工夫
　❺段落：大豆にふくまれる大切な栄養だけを取り出して違う食品にする工夫
　❻段落：目に見えない小さな生物の力を借りて、違う食品にする工夫
〈中〉2
　❼段落：とり入れる時期や育て方の工夫
〈終わり〉
　❽段落：いろいろなすがたで食べられている大豆・驚かされる昔の人々の知恵

という双括型の文章になっています。

〈中〉1の4つの具体例は、大豆の手の加え方が簡単なものから難しいものという順序になっており、簡単な例は略述され、難しい例は詳述されています。そして、〈中〉2でまったく違う側面、とり入れる時期や育て方を工夫した食べ方の例が挙げられています。

○〈中〉の順序性

まず、具体例としてどんな食品が取り上げられているかを見ます（食物・食品カードを黒板に貼る）。そして、「これら筆者が取り上げた具体的な食品は、何を説明するための例だろう。」と発問し、❷段落の「いろいろ手をくわえておいしく食べるくふう」を具体的に説明していることをとらえさせます。

次に、「手をくわえておいしく食べるくふう」の事例である〈中〉の事例を説明したテキスト（A：順序が教材文通りのもの　B：❸〜❼段落の順序を入れ替えたもの）を提示し、事例の順序について比較させます。そして、「Bの順序でもいいか」「順序を入れ替えても説明できるのではないか」と問いかけ、児童の思考を揺さぶり、学習のめあてをつかませます。

A：いり豆、に豆→きなこ→とうふ→なっとう、みそ、しょうゆ→えだ豆、もやし
B：なっとう、みそ、しょうゆ→えだ豆、もやし→きなこ→いり豆、に豆→とうふ

説明の順序を考える

まず、Bの順序を入れ替えた文章を音読します。次にペアで話し合い、どんな事例の順序で説明されているのかを考えさせます。その後、事例の順序についてグループや全体で話し合い交流し、事例がどのように並んでいるのかを明らかにします。

 並べられた順序から、筆者の意図がわかる。

このとき子どもたちは、順序性の論理、規則性を見つけるために、指示語や接続語の使われ方と、略述、詳述のされ方といった2つの根拠にも目を向けていくことになります。

○「工夫」への着眼

・工夫を比べると、「大切なえいようだけを取り出して、ちがう食品にするくふう」と「小さな生物の力をかりて、ちがう食品にするくふう」は似ているから並べている。［同類比較］

・「いったり、にたり」するより「大切なえいようだけを取り出す」方が手間や時間がかかり、大変。［簡単→難しい］［すぐできる→時間がかかる］［単純→複雑］

○「食品」への着眼

・食品を比べると、豆まきの豆やに豆は大豆と形が似ているけれど、きなこやとうふは元の形と

全然違う形になっている。だから、「いったり、にたりするくふう」の方が最初に書かれている。
[姿（形や色）が似ているもの→違うもの][一般から特殊]
「いちばんわかりやすいのは」「次に」「また」「さらに」といった接続語に目をつけると「くふう」のまとまりの順番がわかる。

○**工夫が、難しい例ほど、詳しく書いている**

その後、「❼段落のとり入れる時期や育て方を工夫した食べ方は簡単で、枝豆は元の大豆と似ているのに、なぜ最後に書かれているのかな」と問い、❼段落の「工夫」や「食品」の特殊性に気づかせ、❸～❻段落のまとまりとの違いに気づかせます。

「❼段落は大豆になる前で、とり入れの時期や育て方の違うものについて説明しているから最後に書かれている」「❸～❻段落の工夫は大豆を加工する工夫だけれど、❼段落は特別な工夫だから他の工夫とは違う、関連性はあっても他のことを説明していて、付け加える内容は最後に説明されるのではないか」など児童から筆者の説明の工夫についての考えが出てくるようにできるといいでしょう。

さらに、文章構成図を基に、❽段落に筆者が最も伝えたいことが書かれていることを確かめ、❽段落とのつながりから事例の順序の意味を深めます。

「なぜ大豆が元の姿からだんだんと変わり、工夫が難しくなるように事例を並べているの？」

筆者は、大豆が元の形からだんだんと変わり、工夫が難しくなるように事例を並べることで、昔の人々の知恵のすごさをわかりやすく伝えています。さらに、読み手にわかりやすい説明になるように、筆者は事例の順序を考え、説明の仕方を工夫して書いているなど、筆者の書きぶりに対する自分の考えを自分の言葉でまとめられるようにします。

＊事例の選択や、事例の数、事例の順序、並べ方は、主張をわかりやすく伝えるための筆者の説明の仕方、表現の工夫です。この手法を生かし、反映させて「すがたをかえる○○」という説明文を書くことができます。

◆**活用のために**

「じどう車くらべ」
　この教材の事例の順序も、より一般的な仕事をする車の代表から、その変形ともいえる仕事をする車の代表へ、そして、特殊な仕事をする車の代表へと順に並べられています。読み手にとってより身近なもの（ほとんどの人が乗ったことがあり、利用したことがあるもの…バス・乗用車）から、やや遠いもの（見たことがあり知っているが、利用したことはないもの…トラック）、さらにかなり遠いもの（仕事は見たことがあるが、普段あまり見かけないもの、どんな仕事をしているか実際には見る機会がほとんどないもの…クレーン車・はしご車）へと、それぞれの「しごと」や「つくり」について、理解のしやすいものからしにくいものへ、その関係についても考えやすいものから考えにくいものへと、読み手の認識の深まりに合わせて、紹介の仕方を工夫するために必要なものが選ばれ並べられています。また、題名にあるように、じどう車相互の「しごと」や「つくり」の対比が無意識的に行われるように配列も工夫されています。
　　　　編集委員会（光村図書「こくご」平成27年度1下）

「いろいろなふね」
　この教材も、きゃくせん→フェリーボート→ぎょせん→しょうぼうてい　という順序（一般的なものから特殊なものへ）で事例が挙げられています。4つの船でよく知っている船はどれか、知らない船はどれかを考えさせ、「きゃくせん」「フェリーボート」「ぎょせん」はよく知っていますが、「しょうぼうてい」はよく知られていないことを挙げて、問題の解決を図ります。
　　　　編集委員会（東京書籍「あたらしいこくご」平成27年度1下）

文章の論の展開の仕方をとらえるために

原理・原則 16

繰り返しに着目する

「繰り返し」とは……

「繰り返し」には、表記の繰り返し、意味の繰り返し、構成の繰り返しがあります。

・**表記の繰り返し**
　詩的表現としての繰り返しがあります。その繰り返しで、リズム感が生まれ、音読の楽しさが味わえます。

・**意味の繰り返し**
　同じ事柄を、いろいろな言葉に言い換えて繰り返します。その繰り返しにより読者の興味・関心を引きつけます。

・**構成の繰り返し**
　詩や説明文では、文章構成のリフレイン（繰り返し）が効果的に使われます。特に、説明文では、その繰り返しにより、説得力のある文章になります。

「繰り返し」に着目することによって解決できること

音数を確認し作品のイメージを考えることができる

　表記の繰り返しで、リズム感が生まれるので、五七調や七五調の音数を確認することができます。この五七調や七五調によって、作品のイメージを考えることができます。

筆者が伝えたい内容をつかむことができる

　意味の繰り返しでは、筆者の伝えたい内容を強調することができます。そのため、言い方を変えながら、伝えたい内容を少しずつ解き明かしていくような筆者の述べ方に気づくことができます。

文章の仕組みがわかる

　構成の繰り返しを解き明かすことにより、説得力のある文章の仕組みがわかります。例えば、問い→事例→答えという構成の繰り返しで、本論が成り立っていることに気づくことができます。

| 実践事例 | 繰り返しに着目して「花を見つける手がかり」を読む |

吉原順平（教育出版「小学国語」平成 27 年度 4 年上 ☞ 教材文 p.124）

教材の特徴

- **課題に対する解答の形で提示されている**

　実験を手がかりに中心となる語や文をとらえて、段落相互の関係を考えて読むことを学習の中心としています。

　筆者は冒頭に文章全体に関わる読みの目的となる問題を示し、「花の色でしょうか」「形でしょうか」「それとも、においでしょうか」と部分的な問題を提示しています。これらの問題を手がかりにして段落を意識して、文章の細かい点や段落と段落とのつながりに気をつけて、もんしろちょうが花を見つける方法を知ることをねらっています。

- **消去法という文章展開の論理で成り立っている**

　ある現象を論理的に解明するためには、あらかじめ仮説が立てられます。このように、もんしろちょうが花を見つける手がかりとして推測・予測される色、形、においの3つが選択肢として取り上げられています。その真偽の検証は、実験・観察によって1つずつ確かめられます。

教師が与える課題

もんしろちょうは、どうやって花を見つけているの？

 色や形を見て、見つけているんだよ。

 ズレ

 においで見つけているんじゃないかしら……。

ズレから生まれた、子どもたちの「問い」

筆者は、もんしろちょうが花を見つける方法を、どうやって調べたのだろう。

ここで原理・原則！

文章の中の「繰り返し」を探してごらん。

仮説→実験→結果→考察という文章構成の繰り返しが、問いの解決のものさしになります。この繰り返しがいくつあって、どこなのかを読み取って、その1つひとつの考察で何がわかったのかを解明していくことで、問いの解決につながります。

花を見つける手がかりは、どの大部屋に書かれているか、予想を立てる

この説明文は、消去法で検証をしていく文章構成であるため、手がかりを特定するための実験の順序をひも解いていきます。

そのためにも、それぞれの実験の結果の段階で、その実験で生まれた新しい問いをどうつくり出すかが、勝負どころで、「もんしろちょうの花を見つける手がかりは、色・形・においのどれなのか、筆者はどんな順番で見つけていったのだろうか？」という大きな問いから話し合うようにさせていきます。

まず、レイアウト図（簡単な文章構成図）をつくり、花を見つける手がかりが、〈はじめ〉〈中〉〈終わり〉どこに書かれているか、予想を立てます。

レイアウト図は、次のようになります。

〈はじめ〉

| ❶❷段落 | 問い
何を手がかりにして、花を見つけるのか。 |

〈中〉

| ❸〜⓭段落 | 実験
色？ 形？ におい？ |

〈終わり〉

| ⓮段落 | 実験からわかったこと |
| ⓯段落 | 結論 |

このレイアウト図から、問いに対する答えは、3つ目の〈終わり〉である⓮⓯段落のまとまりに書かれていることが、予想できます。

もんしろちょうの花を見つける手がかりは、色・形・においのどれなのかを話し合う

花を見つける手がかりは、結局どこに書いてあるのかを話し合います。レイアウト図を活用し、1つの意味段落から、どこにあるかを予想させると、

「『実験からわかったこと』にその答えがある。」
「『実験』のところじゃないのか。」
「『実験』では、まだ答えがはっきりしていない。」

などの意見が出てきます。

⓮段落「実験からわかったこと」から、花を見つける手がかりの答えを探し出すと、「このような実験から、もんしろちょうは、色を手がかりにして花を見つけることがわかりました。」とあります。これで、「もんしろちょうが何を手がかりにして花を見つけているのか」ということが、はっきりしました。

子どもたちに、新たな問いを投げかける

ここで子どもたちに、「筆者はどうやって手がかりが色だとわかったのだろうか？ また、どんな方法で調べたのだろうか？」という、新たな問いを投げかけます。

今までは、「もんしろちょうが花を見つける手がかりは？」と露出した問いを解決してきましたが、ここからは、「色を手がかりにしている」という答えに至ったプロセスを吟味するための問いについて、読み進めていくことになります。

どこの部分を読めば、どのようにして筆者は、もんしろちょうが花を見つけるために色を手がかりにしていることがわかったのかを問うと、子どもたちは、❸〜⓭段落の「実験」の部分であることは容易に答えることができるはずです。

そこで、さらに子どもたちに問いたいのは「実験の回数」です。実験が何回繰り返されているかを問うことで、「仮説→実験→結果→考察」という繰り返しの文章構成に目を向けさせることができます。

実際にこの問いを子どもたちに投げかけると、

「実験は3つ。色・形・においの3つのことを調べたから。」
「実験は4つ。色・形・においの3つと、赤色の色紙にみつをぬった実験もしたから。」

「実験は2つ。『実験は』『次の実験は』という言葉を数えればわかるから。」
——と、実験の数でズレが出てきます。

文章構成の繰り返しに気づかせる

繰り返しから文章の仕組みがわかる。

このズレを解消するためには、「仮説→実験→結果→考察」という文章構成の繰り返しに気づかせるようにします。

特に、実験では、実験に必要な準備も書いてあるので、実験の中に、実験の目的やねらい、実験の方法、実験の結果、考えたことという一連の検証方法の繰り返しが書かれていることをおさえる必要があります。

まず1つ目の実験はどこかをたずねると、子どもたちからは「❸段落から❼段落」という答えが返ってきます。そこで、その中で、「実験のねらい、準備、結果、考えたこと」というつながりが繰り返されていることを確認した上で、次の実験はどこかを問うと、
「❾段落と❿段落です。」
「⓫～⓭段落でも、実験のねらい、準備、結果、考えたことというつながりが繰り返されているので、これも実験です。」
という答えが返ってきます。

そこで、実験Ⅰでは、色で花を見つけているのではないかという予想が立てられていることをおさえます。そして、実験Ⅰでは、「色か、においか、どちらでしょうか？」という新しく限定された問題が生まれ、実験Ⅱにつながっていることをおさえます。

つまり、新しい問題をつくるための実験の役割もあることに気づかせるようにします。

それをふまえた上で、実験Ⅱと実験Ⅲとは、どのようにつながっているのかを考えさせます。

ここでは、❿段落にも⓫段落にも問いの文はないのですが、隠れた問いがあることに気づかせます。隠れた問いとは、
「もんしろちょうは、花の色か形のどちらかにひかれているのでしょうか。」
というものです。

繰り返しから筆者が伝えたいことがわかる。

この問いの解決のためにも、原理・原則を使います。つまり、「実験Ⅰと実験Ⅱと実験Ⅲは、それぞれ同じ検証の方法を繰り返しているが、それぞれ新しい問題をつくりながら、消去法で条件を吟味しながら述べられている。」ということです。

これをもとに、各段落に書かれていることと、実験Ⅰ～Ⅲを表にまとめます。表にしてまとめることで、それぞれの実験の関係性と論の展開の仕方が見えてきます。

〈はじめ〉	〈中〉			〈終わり〉
❶❷何を手がかりに〈色・形・におい〉	実験Ⅰ 色かも？	実験Ⅱ 色か、においか？	実験Ⅲ 色か形？	
❸❹大がかりな実験	❺❻❼実験の結果	❾❿実験の結果と新問題	⓫実験の結果	⓯筆者の考え
	❺❻❼実験の方法	❾❿実験の方法	⓬⓭実験の準備と新問題	
	❽考えたこと・新問題		⓬⓮実験Ⅰ、Ⅱ、Ⅲを受けてわかったこと・考えたこと	

段落の内容を読みわけるために

原理・原則 17

比較に着目する

「比較」とは……

説明文は、ある情報について既知の者（筆者）が未知の者（読者）に伝える文章です。その時、ある事例と別の事例を比較して情報を伝える方法がとられることが多くあります。比較のされ方は右の図のように分類されます。

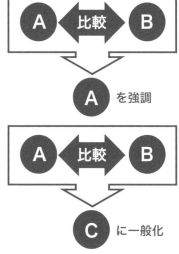

「比較」に着目することによって解決できること

筆者の主張がとらえやすくなる

　比較されているものに着目して読むことで、筆者が何を主張しているかが考えやすくなります。
　「比較を使う」とは、比較されている対象（ＡとＢ）を明確にすることと、（ＡとＢが）どの観点で比較されているかを読むことです。その際、表に整理してまとめることが有効になることが多くあります。表の横の項目には比較されている対象を入れます。縦の項目には、比較する観点を入れます。この横と縦の項目を子どもが考えていく活動が「比較に着目する」原理・原則の一歩目となります。
　比較される「対象」と「観点」を明確化すると、文章後半の段落が、表の項目に当てはまらなかったり、一方だけの「対象」について語られていたりします。そこに、子どもが気づくことで、「Ａを強調したい」のか、「Ｃに一般化したい」のかがわかり、筆者の主張を読むことができます。

実践事例: 比較に着目して「生き物はつながりの中に」を読む

中村桂子（光村図書「国語」平成27年度6年）

教材の特徴

- 「ロボットのイヌ」と「本物のイヌ」を比較して、さまざまなつながりの中で生きている生き物のよさを伝えている

❶段落で、「（ロボットのイヌと本物のイヌの）ちがいを考えながら、生き物の特徴をさぐってみましょう」と投げかけ、❷段落で「しかし、本物のイヌとロボットのイヌは本当に同じでしょうか」と問います。❸❹❺段落で3つの観点で比較し、問いに対して答えます。❻段落は❶❷段落を受けたまとめとなっています。❼段落は「イヌ」という具体が消え、筆者の主張が述べられています。

教師が与える課題

生き物には、どんな特徴がいくつあるかな？

❷段落の「内と外とで物質のやり取りをしています」が生き物の特徴。

ズレ

そうじゃないと思うわ。

ズレから生まれた、子どもたちの「問い」

❷段落は、生き物の特徴を表している段落だろうか？

ここで原理・原則！

「比較」に着目してみよう。

・生き物の特徴を探るために何が比較されているかを読みます。
・それぞれの段落では、何のために比較しているかを読みます。
・「問いの文」と「答えの文」に着目します。

生き物の特徴として、どんな特徴が、いくつ書かれているかを考える

「生き物の特徴は、どんな特徴が、いくつ書かれていますか？」という質問に対して、子どもの答えは大きく2つ出てきます。

・3つ
・4つ

3つと答えた子は、❸❹❺段落に書かれている特徴を挙げます。4つと答えた子はそれに加えて❷段落の特徴も挙げています。

《子どもが挙げた、段落の特徴》
❷段落…内と外とで物質のやり取りをしている。
❸段落…外から取り入れたものが自分の一部になる。
❹段落…変化・成長しながら、一つの個体として時間をこえてつながっている。
❺段落…過去や未来の生き物たちとつながっている。

子ども同士のズレを「見える化」するために、次のように問います。

文章全体を〈はじめ〉〈中〉〈終わり〉に分けるとどう分かれる？

この発問に対する子どもの答えのズレを図に表すと次のようになります。

A児「❶段落で、『さぐってみましょう。』と投げかけて、❷～❻段落で特徴を述べて、❼段落がまとめ。」
B児「❶段落に問いがあって、❷段落で答えている。だから、❶段落と❷段落は同じまとまり。❷段落には、さらに新しい問いがある、その答えは❼段落でまとまっている。」
C児「Bさんと〈はじめ〉は同じ。だけど、❻段落と❼段落は同じまとまりだと思う。❻段落には、これまでの生き物の特徴のまとめが書いてある。」

ここで、課題に対して生まれた子どもの「問い」は次のようになりました。

《子どもに生まれた「問い」》
問い1 「❷段落は〈はじめ〉に入るか、〈中〉に入るか。」
問い2 「❻段落は〈中〉に入るか、〈終わり〉に入るか。」
問い3 「❷段落『内と外とで物質のやり取りをしている。』は、生き物の特徴となるか。」

子どもと「問い」を解決する順序を話し合うと、「問い3」が解決できれば、「問い1」が解決できそうとなりました。そして、「問い1」が解決できれば、「問い2」が解決できるのではないかとなりました。

比較されているものがそれぞれの段落でなんのために比較されているかを読む

何を比較しているかに着目すると、筆者の主張がとらえやすい。

「この文章は、何と何が比較されている？」と問いかけると、「ロボットのイヌと本物のイヌ」という答えが返ってきます。どの段落で、筆者がロボットのイヌと本物のイヌを比較しているのかを問うと、「❷、❸、❹、❺段落」であることに子どもたちは気づきます。それを確認した上で、「それぞれの段落はロボットのイヌと本物のイヌをどの

ように比較しているだろう」と投げかけてみました。この活動を進めると次のような表ができます。

段落	❷	❸	❹	❺
本物のイヌ	体外から必要なものを取り入れ、体内から不要なものを出して、内と外とで物質のやり取りをしている。	外から取り入れたものが自分の体の一部になる。	変化・成長しながら、一つの個体として時間をこえてつづいている。	過去や未来の生き物たちとつながっている。
ロボットのイヌ	生き物と同じように見える。	電池がイヌの体に変わることは決してない。	このような変化や成長はない。	このようにして子孫を残すことはできない。

ここで大切なのは、それぞれの段落が何のために比較したかを考えることです。すると、❷段落だけが類似性を伝えるために比較していて、他の段落は違いを伝えるために比較していることに気づきます。筆者が伝えたいことは、ロボットと本物の違いです。なぜ、類似性を伝える段落があるのでしょうか。それは、❷段落の問いの文「本当に同じでしょうか。」を導くためです。そこに気づくと、答えの文のまとめが❻段落となることがわかります。

「問い3」の答え
❷段落の「内と外とで物質のやり取りをしている。」は、生き物の特徴とは言えない。
「問い1」の答え
❷段落は〈はじめ〉に入る。

❼段落は、「イヌ」という具体から離れて、筆者の主張が書かれてます。文章全体の構成は、❷段落が〈はじめ〉❻段落が〈終わり〉に当たり次のようになります。

したがって、問い2の答えは次のようになります。

「問い2」の答え
❻段落は〈終わり〉に入る。

活用例

比較に着目して「手で食べる、はしで食べる」を読む

森枝卓士（学校図書「小学校国語」平成27年度4年下）

教材の特徴

「手で食べる国」と「はしで食べる国」の比較、はしで食べる国同士の比較を通して、「文化」とは何かを伝えている

三部構成の〈はじめ〉のない文章構成（全14段落）。〈中〉が〈中〉1（❶～❻段落）と〈中〉2（❼～❸段落）に分かれます。

〈中〉1では、「ご飯を手で食べる国（インド）」と、「はしで食べる国（日本）」を比較して、「米の形とせいしつのちがい、また、食に対する考え方のちがい」からくると理由を述べ、一般化しています。

〈中〉2では、はしで食べる国（「韓国」「中国・ベトナム」「日本」）を比較して、「同じように中国から伝わった道具であるはしでも、その形や使い方は、それぞれの国で違うものになっていった」と共通性を述べ、一般化しています。

〈終わり〉（❹段落）では、〈中〉1と〈中〉2をまとめて、「どのような方法で食べるかということは、それぞれの国の『文化』から生まれた人々のちえなのです。」と、さらに一般化しています。

授業の導入は、〈はじめ〉のない構成なので、具体から入り、分類する方法をとります。そこから文章構成を大まかにとらえられるようにします。出てきた国や地域「日本」「インド」「東南アジア」「韓国」「中国」「ベトナム」を仲間分けすると、「日本」が2つないと仲間分けできないことに気づきます。「日本」「インド」「東南アジア」のグループと、「日本」「韓国」「中国」「ベトナム」のグループです。2つのグループがそれぞれ「日本」と比較していることに気づいたところから、次の発問をします。

教師が与える課題

筆者は、どの国の食べ方がよいと言っているかな？

どの国の食べ方がよいとは言っていないと思う。

ここでのズレは、教師と子どものズレとなる場合が多い。

ズレから生まれた、子どもたちの「問い」

どの国の食べ方がよいと言っていないとしたら、筆者はどうしていくつかの国の食べ方を比べているの？

何が、何のために比較されているかを読むことで、筆者の主張をとらえることができるよ。

◆ 授業の導入で国や地域を仲間分けしたときに、大きく2つのグループに分かれた。そのグループに形式段落をふる。
　〈グループ1〉（❶～❻）「日本」「インド」「東南アジア」
　〈グループ2〉（❼～⓭）「日本」「韓国」「中国」「ベトナム」
◆ それぞれのグループで何が比較されているかを明確にする。
　〈グループ1〉「日本」と「インド・東南アジア」
　〈グループ2〉「日本」と「韓国」と「中国・ベトナム」
◆ 「問いの文」と「答えの文」の関係から、何のために比較されているかを読む。

三部構成をとらえるために

原理・原則 18

文章構成図に着目する

「文章構成図」とは……

　文章構成図には、序論・本論・結論という大きく3つの部分が表現されています。この説明文のスタイルによって、文章構成図の大枠が決まります。そして、序論・本論・結論のそれぞれの中で、意味段落同士や、形式段落同士の接続関係を読み取ることによって、文章構成図を表現することができます。この図には、具体の段落と抽象の段落の関係や原因と結果の関係、事実と意見との関係が書き表され、立体的な構成図になります。

　「文章構成図を使う」は、次の点で有効であると考えます。

① 三部構成を可視化できます。三部構成とは、序論・本論・結論という大きく3つの部分です。その結論部分がどこにあるかによって、頭括型・尾括型・双括型という3つの説明文のスタイルに類別することができます。

② 文章構成レベルでの具体と抽象を読み分けることができます。抽象の段落は、結論という形式で文章の終わりかはじめにあります。そのために、結論部を発見して、序論部と本論部とに読み分けます。結論と本論に、抽象と具体の関係を表す叙述を探します。

③ 段落構成レベルでは、具体の段落と抽象性の高いまとめの段落が見えてきます。そのことで、文章構造の全体が見えてきます。文章構成図を書くことで、その具体と抽象の関係を表すことができます。

「文章構成図」に着目することによって解決できること

具体と抽象を探すことができる

　段落レベルでの文章構成図は、具体と抽象の文を探すことができます。

　文と文とを比較し、抽象性の高い文を見つけます。問いの文を観点にして答えになっている文が抽象性の高い文であることに気づきます。

要点や小見出しをつくることができる

　抽象性の高い文を短く表すと要点になります。文の中心語句を文末にして要点を体言止めでまとめると小見出しになります。

文型の類別ができる

　文章構成レベルでの文章構成図は、頭括型・尾括型・双括型の文型に類別できます。例として、双括型の場合は、結論が2つあることに気づきます。その2つの結論の述べ方に違いがあることにも気づくことができます。比べて読んだり、問いと答えとまとめをつなげて読んだりすることで、双括型の論の展開の特徴に気づくことができます。

実践事例

文章構成図に着目して「手で食べる、はしで食べる」を読む

森枝卓士（学校図書「小学校国語」平成27年度4年下）

教材の特徴

● 文脈上の不連続性が見られる。

14段落で構成されている尾括型の文章です。

❶段落から❻段落まで、「手で食べるインド」と「はしで食べる日本」の食事の仕方を取りあげています。そして、❼段落から⓭段落までが、各国のはしの形と使い方について述べられています。

文章の特徴としては、はじめの意味段落と次の意味段落に文脈上の不連続性が見られますが、⓮段落の「その国の食べ物や生活の仕方のちがい、つまり『文化』のちがいからきています。」という文脈ではつながっていることに読み手は気づくことになります。「『文化』のちがい」という視点では、はじめから読もうとはしないため、その文脈に気づかせるためにも、文章構成図が必要になります。そのために、まず「手で食べる、はしで食べる」を読み、文章構成図をつくる必要があります。

教師が与える課題
説明文を〈はじめ〉〈中〉〈終わり〉の3つに分けよう。

〈はじめ〉がどこなのか、わからないよ。

 ズレ

もしかして〈はじめ〉がないんじゃない？

ズレから生まれた、子どもたちの「問い」
〈はじめ〉〈中〉〈終わり〉の3つに分けるとしたら、どこで分けられるの？

ここで原理・原則！
文章構成図をつくると、〈はじめ〉〈中〉〈終わり〉が見えてくるよ。

文章構成図をつくると、この文章には〈はじめ〉がないことが見えてきます。また、要旨のある段落が特定できるので、その要旨に対応する〈はじめ〉をつくることができます。

〈はじめ〉〈中〉〈終わり〉の３つに分ける

「この説明文を〈はじめ〉〈中〉〈おわり〉の３つに分けるとしたら、どこで分けられますか？」

この問いのねらいは、思考のズレを生ませるためのものです。つまり、３つに分けるとしたら、予想される分け方のズレは、次の通りです。

・❶と❷〜❻段落と❼〜⓮段落
・❶〜❻段落と❼〜⓭段落と⓮段落
・❶〜❻段落と❼〜⓬段落と⓭⓮段落

段落	インドの米	日本の米
❶	なぜ、手で？	
❷	細長い形	丸い
❸	はしでつまみにくい	はしでつまみやすい
❹	くっつきにくい はしを使って食べるのは不便	くっつきやすい はしで持ち上げられる
❺	手のほうが清けつだと考える さわった時の感覚を楽しむ	
❻	米の形、せいしつのちがい、食の考え方のちがいで、食べ方が異なった。	

❶〜❻段落までの表を作る

そこで、そのズレを解決するために、まず❶段落から❻段落までの具体を読み取らせます。

この説明文は、インドの米の食べ方と日本の米の食べ方を比べています。その比較がしやすいようにまず表にします。文章構成図にするためには、まず表にすることが重要になってきます。特に、段落と段落の接続関係を明確にするためには、段落の役割をしっかりととらえることが大切です。そのためには、表にすることで、何を比べている段落なのか、何に限定して述べられている段落なのか、説明なのか、考えなのか、表にまとめながら読み分けることが大切なのです。

まず、❷段落は、形です。インドと日本では、形が違うことを読み取り、表に書き入れます。

次に、❸段落は、はしでのつまみやすさの違いです。そして、手でつまんだ時の感触までも触れているので、表に書き込みます。

❹段落と❺段落は、その性質に伴った食べ方を紹介しています。❺段落は、インドの人たちの食べ方に焦点化して述べています。

表を使って❶〜❻段落の文章構成図を作る

文章構成図を作ると文章を３つに分けることができる。

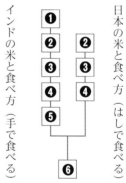

ここで、初めに設定した問いを振り返ります。

しかし、文章構成図から、❶段落の問いの答えが❻段落の内容になっていること、❶段落は、❷から❻段落までの「はじめ」の部分で、この説明文全体の「はじめ」ではないことに気づいていきます。

❼〜⓬段落までの表を作る

❼段落から⓬段落までの表をもとにして、文章構成図をかかせます。

この文章構成図から次のことがわかります。それは、❼〜❸段落が具体部分で、❹段落が抽象部分であり、筆者の結論になっていることです。

このことから、尾括型の説明文であることを押さえます。つまり、筆者が伝えたいことは、この❹段落の抽象部分なのです。この文章構成図で、明らかに〈はじめ〉の部分がないことがわかります。「食べ方の工夫や方法は、文化のちがいであって、そこから生まれた人々のちえなのだ。」ということなのです。

段落	国	使われ方
❼		はしを使って食べる習慣は、どこで生まれたのでしょうか
❽	中国 日本	三千年以上前に… はしだけになった
❾		国によってその使い方や形がちがう
❿	韓国	おかずを取るときに使う
⓫	中国やベトナム	日本のものより長い 皿をみんなの中央に置き、手をのばして食べる
⓬	モンゴル	ナイフとはしがセットのものを一人ずつ持っている

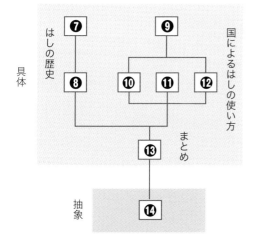

文章構成図を使って筆者の結論を特定して、「はじめ」の段落を作る

それでは、どんな〈はじめ〉を作ったらいいのでしょうか。それは、❹段落の筆者の結論に対応する〈はじめ〉の部分であるということです。

そこで❹段落を見てみると、

❹段落
　手で食べるか、はしで食べるか、また、どんなはしでどのようにして食べるかということは、その国の食べ物や生活のしかたのちがい、つまり「文化」のちがいからきています。
　どのような方法で食べるかということは、それぞれの国の「文化」から生まれた人々のちえなのです。

このように、「食に対する考え方のちがい」→「『文化』のちがい」→「『文化』から生まれた人々のちえ」という筆者の考え方の深まりが見えてきます。この3つのキーワードにつながる〈はじめ〉の部分を書かせるようにします。

〈はじめ〉の部分の例

　世界の国々によって、食べ物や食べ方がちがいます。どうしてそんなちがいがあるのでしょう。

　世界の国々によって、食べ方がちがいます。それは、国々によって生活のしかたにちがいがあるからです。

主張と事例の関係をつかむために

原理・原則 19

具体と抽象に着目する

「具体と抽象」とは…

「具体と抽象」は、次のレベルで使われます。
①形式段落の中の具体と抽象
　文は具体を表す文と抽象を表す文に分けることができます。形式段落の中に文がいくつあるかを数えると、その中に具体を表す文と抽象を表す文が存在します。文と文との関係をおさえます。
②意味段落の中の具体と抽象
　1つの意味段落を構成する形式段落にも、具体を表す形式段落と、抽象を表す形式段落とがあります。段落相互の関係をおさえます。
③文章全体の構成の中での具体と抽象
　意味段落も、同様に具体を表す意味段落と抽象を表す意味段落に分けることができます。三部構成等、文章全体の構成をおさえます。

「具体と抽象」に着目することによって解決できること

形式段落や意味段落の要点をおさえることができる

〈①②について〉
　「具体と抽象」を区別して読むことにより、形式段落や意味段落の要点をおさえることができます。形式段落の中の抽象を表す1文を短くしたものが形式段落の要点となります。その文の中心語句（多くの場合は主語）を文末にした体言止めで表すと要点としてわかりやすくなります。
　意味段落の要点は、形式段落の要点を並べ、その中で抽象度の高い要点を選んだり、結びつけたりして明確にします。形式段落の要点と同様に、体言止めの形にして表すとわかりやすくなります。

要旨をとらえることができる

〈③について〉
　「具体と抽象」を区別して読むことにより、要旨をとらえることができます。高学年の説明文は要旨が抽象化されて最後に書かれることが多くあります。その具体を三部構成の〈中〉から読むことで、段落相互の関係もおさえることができます。

実践事例

具体と抽象に着目して、「想像力のスイッチを入れよう」を読む

下村健一（光村図書「国語」令和2年度5年）

教材の特徴

● 豊富な事例と主張の組み合わせで、「具体と抽象」の関係や、「要旨」がとらえやすくなっている

豊富な事例を挙げて読み手にイメージを持たせる展開になっています。ほとんどの事例について「事例―主張」の組み合わせが成立しており、具体と抽象の関係をとらえやすくなっています。

さらに、〈終わり〉の部分では〈はじめ〉〈中〉をふまえた「筆者の主張」と「要旨」の段落が分けられており、「主張」と「要旨」の違いもとらえやすくなっています。

双括型の文章で、三部構成の〈中〉がさらに尾括型になっています。最初の主張よりも終わりの主張の方が強い表現になり、主語も読者に絞り込まれています。「筆者はなぜそこまで強く読者に向けて主張できるのか」という問いから、〈中〉を読むこともできます。

教師が与える課題

題名は「想像力のスイッチ」だけじゃだめなの？

「想像力のスイッチ」の話だから、いいんじゃない。

ズレ

うーん、ダメな気がする……。

ズレから生まれた、子どもたちの「問い」

筆者はどうして「想像力のスイッチを入れよう」という題名にしたのだろう？

ここで原理・原則！

具体と抽象を使って、要旨をとらえてみよう。

・双括型であることをとらえて、三部構成に分ける。
・文末表現から段落の役割をとらえる。
・具体と抽象を使って、要旨をとらえる。

双括型であることをとらえ、三部構成に分ける

どうして筆者は「『想像力のスイッチ』を入れよう」という題名にしたのかという問いに対し、子どもたちからは「それが筆者が言いたいことだったから」といった意見が出てきます。確かに説明文の題名は筆者の主張と結びついているものが多いことをおさえた上で、この説明文でもそうなっているのかを確かめていくことにします。

まず、文章全体を〈はじめ〉〈中〉〈終わり〉の3つの部分に分けます。

全体を見てみると、〈はじめ〉の部分と〈終わり〉の部分の両方に「想像力のスイッチ」という言葉があることがわかります。

❻段落
このような思いこみを減らすため、わたしたちは、あたえられた情報を事実の全てだと受け止めるのではなく、頭の中で「想像力のスイッチ」を入れてみることが大切なのである。

⓰段落
あなたの努力は、「想像力のスイッチ」を入れることだ。あたえられた小さいまどから小さい景色をながめるのでなく、自分の想像力でかべを破り、大きな景色をながめて判断できる人間になってほしい。

この「想像力のスイッチ」が筆者の主張と深く関わってくるとしたら、文章の前半と後半の両方に主張が表れる「双括型」の文章であることがわかります。

また、❻段落は❶〜❺段落の事例を受けており、❼段落から⓮段落は別の事例（サッカーチームの新しい監督にまつわる報道の話）なので、全体は

〈はじめ〉 ❶〜❻段落
〈中〉 ❼〜⓮段落
〈終わり〉 ⓯、⓰段落

という構成になっていることがわかります。

文末表現から段落の役割をとらえる

ここで、文末表現に着目してみます。「のである。」「なのだ。」「のだ。」「なのである。」といった強い断定の表現の文末となっている文には、筆者の強い思い＝主張が表れています。

〈はじめ〉の部分を見てみると、❹段落に「のである。」で終わる文があり、筆者の主張があることがわかります。〈はじめ〉の部分全体についての主張は❻段落にあるので、❹段落の主張は❶〜❸段落の事例に関する主張だということになります。

同様に〈中〉の部分について見てみると、「❼段落の事例—❽段落の主張」「❿段落の事例—⓫段落の主張」という組み合わせが見えてきます。

❾段落では、1つの形式段落の中で、事例と主張の両方が述べられています。

また、⓮段落は〈中〉全体に関する主張になっています。

意味段落の中を、具体を表す形式段落と抽象を表す形式段落に分けることができる。

事例とは「具体」で、それに対する筆者の主張は「抽象」です。「事例—主張」の組み合わせは、「具体—抽象」の関係でもあります。

このことから、段落同士の具体と抽象の関係は、いくつかの段落のまとまりで具体や抽象となることもあることや、段落同士の関係では「抽象」であった段落が、意味段落全体の中での具体と抽象の関係においでは「具体」の一部となることもあることがわかります。

では、〈終わり〉の部分はどうなっているのでしょうか。双括型の文章の〈終わり〉なので、⓯、⓰段落には、文章全体に関する主張が述べられているはずです。実際⓯段落の文末は「なので

ある。」となっており、筆者の強い主張が見られます。その主張とは、「思いこみを防ぐために、私たちは想像力のスイッチを入れる努力が必要だ。」ということになります。

具体と抽象の関係から要旨をとらえる

ここで子どもたちに、⓰段落の役割について問いかけてみます。⓯段落で文章全体に関する主張が述べられているとしたら、⓰段落は何なのでしょうか。

筆者の主張を抽象的に（一般化して）表現したものを「要旨」という。

⓰段落に書かれていることは、⓯段落の内容をより一般化、抽象化したものです。つまり、⓰段落は、この文章の要旨であり、筆者がもっとも伝えたかったことの本質であるといえます。

⓰段落で筆者は、「あたえられた小さいまどから小さい景色をながめるのでなく、自分の想像力でかべを破り、大きな景色をながめて判断できる人間になってほしい。」と述べています。

つまり筆者は、「想像力の大切さ」にとどまらず、想像力を働かせること、つまり「想像力のスイッチを入れること」の大切さをうったえたかったのだと考えられます。

そのため題名も「想像力のスイッチ」ではなく、「想像力のスイッチを入れよう」になったのだと考えられます。

トロッコ電車で行く黒部きょうこく

横溝 英一 文・絵

　JR北陸本線の魚津駅で、富山地方鉄道の電車に乗りかえて三十分。「黒部きょうこく」とよばれる険しい谷の入り口にある宇奈月温泉駅に着きました。となりのホームには、遊園地のミニ鉄道のような小さな列車が止っています。黒部きょうこく鉄道のトロッコ電車です。

　「トロッコ」とは、簡単なレールをしいて、土木工事の土砂を積み人がおして動かす小さな車両のことです。この車両に簡単な座席と屋根をつけただけのものを何両もつなげ、機関車で引っ張るのがトロッコ電車です。天じょうは低く、座席も一つの車両に三十人分ぐらいしかありません。

　夏だというのに、山の上の方にはまだ雪が白く残っています。なぜこんな山おくの谷間に鉄道を造ったのでしょうか。また、この鉄道はどうしてこんなに小さいのでしょうか。

　さあ、この電車に乗って、黒部の谷のおくに向かって走っていきましょう。

　トンネルとコンクリートのなだれよけがいくつも続きます。また、それらがない所には、落石よけの鉄がくがじょうぶなさくが設置されています。黒部きょうこくの両岸は、どこも急なしゃ面ばかりで大変危険です。そのため、なだれや土砂くずれを防ぐさくをつくることは、この鉄道では最も大切なこととなるのです。

　それにしても小さいトンネルですね。線路のはばは、七六二ミリメートルしかありません。JRの電車の線路のはばは一〇六七ミリメートルですし、もしここが自動車道路だったら、もっと広いしきい地や大きいトンネルが必要でしょう。しかし、この険しい谷には、そんなしき地はとれません。小さいトロッコ電車でなければこんなせまい谷間は走れないのです。

　トロッコ電車は黒部川第二発電所の近くに来ました。ここには「猫又谷」という変わった名前の谷川が流れこんでいます。以前はこの谷を鉄橋でわたっていましたが、土石流でうまったため川底が線路より高くなってしまいました。そのため現在は、鉄道は谷川の下をトンネルでくぐって走っています。

　黒部きょうこくには、このようにときどき景色が変わってしまうほどのはげしい流れの谷川があるのです。

　また、川原に工事用の大型のトラックが走っていますね。あの小さなトンネルを通る以外に、ここに来る道はないはずですが、いったいどうやってあの大型トラックをここに運んだのでしょうか。線路のわきの引きこみ線を見ると、その答えが分かります。大きなパワーショベルが小さな部品に分解されて、引きこみ線の

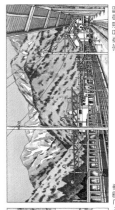
宇奈月温泉駅

黒部の谷のおくに向かって走るトロッコ電車

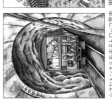
小さなトンネルを走るトロッコ電車

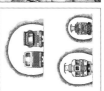
大きさのちがうトンネル

猫又谷を流れる谷川

貨車に積まれています。どんなに大型の機械でも、こうすれば小さなトンネルをくぐりぬけることができますね。たとえ車両は小さくても、何両も連結することで、たくさんの部品や荷物を運ぶことができるのです。

おや？見ていると、引きこみ線の貨車を、作業員が手でおして連結しています。あの重そうな貨車が、どうしてたった一人の人の手で動かせるのでしょうか。

平らでかたい鉄のレールの上を、かたい鉄の車輪が動くには、それほど力がいりません。同じ重さの車が、やわらかいゴムのタイヤで走るのと比べると、鉄道の車両の方がずっと小さい力で走れます。だから、燃料も電力もあまり使わずにすむのです。

黒部きょうこくは、飛驒山脈の北部、立山連ぽうと白馬連ぽうの間に、深くきざまれた大けいこくです。この辺りは、昔から森林保護のため、人の立ち入りがきびしく禁止されていた、長い間ひみつに包まれた別世界でした。

大正時代（一九二〇年ごろ）に水力発電所を造ろうと考えた人がいて、きょうこくの調査を始めました。その結果、黒部きょうこくは、雨や雪が多いため、水量は非常に豊かなことが分かりました。しかも、上流から下流までのけいしゃがきついので、水力発電には大変都合がよい場所だということも分かりました。その後、電力会社がその仕事を引きつぎ、大規模なダムや発電所を造る工事に取りかかったのです。

現在も、発電所やダムのための仕事は続けられ、電力会社の専用列車はダムや発電所にいろいろな荷物を運んだり、ここで仕事をしている人たちを乗せて行き来したりして、いつもいそがしく走っています。黒部きょうこくでつくられたたくさんの電力は、送電線で遠くの町まで送られ、明かりをつけたり機械を動かしたりして、人々のくらしに役立っています。

以前の黒部きょうこく鉄道は、電力会社の専用列車が走るためだけのもので、それ以外の乗客は乗せませんでした。しかしその後、黒部きょうこくの自然の美しさが知られるようになり、いっぱんの乗客も利用できるようになりました。今では大勢の観光客が、トロッコ電車を利用して観光を楽しんでいます。

黒部きょうこく鉄道は、風景の美しさから観光鉄道としても有名です。特に初夏の新緑と秋の紅葉は、「他では見られないほどの美しさ」だと言われています。紅葉の美しい季節、トロッコ電車は見晴らしのよい鉄橋の上では、速度を落としてゆっくり走り、乗客を喜ばせています。

分解された部品

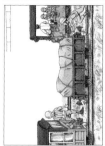

貨車を連結している様子

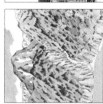

大けいこくと山の景色

黒部きょうこくで仕事をする人たち

学校図書「小学校国語」平成二十七年度　五年下

アメンボはにん者か

日高 敏隆

　小さな水たまりや学校のプール、池、湖、川などの水面をしばらく見ていると、アメンボが何びきか見つかることがあります。アメンボは水面に軽々とらくにすらすらと走っています。何だか時代げきに出てくるにん者のようです。
　どうしてアメンボは、あんなにうまく水面にうかんで走ることができるのでしょうか。
　アメンボがうかんでいる写真をよく見てください。池や水たまりの浅い所では、天気のよい日に、このように水の底にアメンボのかげがうつっていることがあります。何となくふしぎなかげだと思いませんか。
　まず、真ん中にアメンボの体のかげ。これは、アメンボと同じぐらいの長さと大きさのものように見えるので、アメンボのかげだということはすぐに分かります。けれど、そのまわりにも、四つまたは六つの円いかげが見えます。いったい、これは何のかげなのでしょうか。
　それは、アメンボの足のかげです。正かくに言うと、円いかげは、アメンボの足先でおされて丸くくぼんだ水面のかげなのです。
　どうして、アメンボの足の先で水面が丸くくぼむのでしょうか。ちょっと実験してみます。
　まず、細いはりを水面にそっと水平においてみましょう。ふつうにおいたら、はりは重さがありますから、すぐに水中にしずんでしまいます。それでは、一円玉ならどうでしょう。そっとうかべてみると、一円玉は水の上にかんたんにうかびます。よく見ると、水面が一円玉のまわりでくぼんでいるのが分かります。
　次に、前の実験でしずんでしまったはりに油かバターをごくうすくぬってうかべてみます。すると、はりはちゃんと水面にうかびます。そのはりをよく見てみると、一円玉と同じようにはりのまわりの水面がくぼんでいるのが分かるでしょう。このくぼんだ水面が元の平らをとりもどそうとして、一円玉やはりをおし上げているのです。このときにはたらく力を水の「表面張力」と言います。一円玉も油をぬって水をはじくようにしたはりも、この水の表面張力のおかげで水面にうくのです。
　アメンボがにん者のように水面に立っていられるのも、同じ理くつです。アメンボの足の先は、水をはじくようになっています。体の中から少しずつ油を出すしくみがあるからです。その足を広げてアメンボが水面に立つと、それぞれの足の先は、水面をおして丸くくぼませます。すると水の表面張力によって、アメンボは水面にうかぶのです。
　しかし、これだけではアメンボがにん者のように水面を走るひみつは分かりません。
　もう一度、アメンボの様子をくわしく観察してみましょう。アメンボの足は六本ありますが、そのうち、二本の前足と二本の後足の先で水面に立ち、のこりの二本の中足の先をうまく使って動いています。まるでボートをこぐオールのようです。中足は、ごく先の部分しか水をはじかないので、アメンボは中足の根もとの方まで水の中につっこんでしっかりとこぐことができるのです。

ところで、水の上でくらしているアメンボは、いったい何を食べて生きているのでしょうか。
　アメンボは、水面に落ちてばたばたもがいている虫を食べ物にしています。もがいている虫は、水面に小さな波を立てます。アメンボは、前足の先でその波をキャッチします。そして、もがいている虫がしずまないうちに、中足のオールを動かして、急いでその虫に近づきすると、くちばしを虫にさし、体のしるをすうのです。
　水の中には、小魚やおたまじゃくしなどを食べるゲンゴロウやタガメなど、いろいろな水生こん虫がすんでいます。しかし、アメンボは水面に落ちてきた虫だけをねらって食べて生きているこん虫です。
　そのために、アメンボは自分の足で水面にうかび、また、水面を自由に走ることができるようになっているのです。もし水面にうかぶことができなければ、アメンボは食べ物を取ることができないどころか、水にしずんでおぼれてしまうでしょう。
　アメンボが水にうくしくみが分かったので、はり金でアメンボを作って、足の先に油をぬり、うくようにしてから、こん実験をしてみました。
　水とし お水・石けん水・油・しょう油を入れたうつわに、それぞれはり金のアメンボをうかべてみます。すると、水としお水にはうかんだものが、石けん水・油・しょう油では何度やってもうかびません。なぜかと言うと、水やしお水の表面張力とくらべて、石けん水や油・しょう油の表面張力が弱いからです。
　この実験から分かるように、少しのせんざいや石けん・油などでよごれてしまった水は、アメンボにとって「うかぶことのできない水」になってしまいます。
　わたしたちのくらしは、自ぜんとともにあります。ですから、身の回りにある水の上でアメンボが元気に走り回っていれば、わたしたちはきれいな水のあるかんきょうでくらしていることになります。わたしはアメンボを見かけるたびに、このすばらしいしくみをもっている生き物が元気にくらしていけるかんきょうを、みんなで大切にしたらと思います。

　　　　　　　学校図書「小学校国語」平成二十七年度　四年上

いろいろなふね

ふねには、いろいろなものがあります。
きゃくせんは、たくさんの人をはこぶためのふねです。
このふねの中には、きゃくしつやしょくどうがあります。
人は、きゃくしつで休んだり、しょくどうでしょくじをしたりします。
フェリーボートは、たくさんの人とじどう車をいっしょにはこぶためのふねです。
このふねの中には、きゃくしつや車をとめておくところがあります。
人は、車をふねに入れてから、きゃくしつで休みます。
ぎょせんは、さかなをとるためのふねです。
このふねは、さかなのむれを見つけるきかいや、あみをつんでいます。
見つけたさかなをあみでとります。
しょうぼうていは、ふねの火じをけすためのふねです。
このふねは、ポンプやホースをつんでいます。
火じがあると、水やくすりをかけて、火をけします。
いろいろなふねが、それぞれのやく目にあうようにつくられています。

東京書籍『あたらしいこくご』平成二十七年度　一年下　編集委員会

にせてだます

　みなさんは、何気なくさわったえだや葉にしゃくとり虫やカマキリがいて、ぎょっとしたことはありませんか。草地や道ばたで見かけるこれらの虫は、えだや草の葉や地面の色にまぎれてしまって、気をつけて見ないと見つけにくいものです。

　わたしたちが、ふだんよく見ている虫の中には、まわりの物や様子にた形や色をして、目立たないようにくらしているこん虫がいます。このように、自分のすがたや色をまわりの物や様子ににせて、ほかの動物の目をだますことを「ぎたい」と言います。

　では、こん虫のぎたいには、どのようなものがあるでしょうか。

　しゃくとり虫は、木のえだに止まっているとしていると、まるでそこに本物のえだがあるように見えます。そのため、しゃくとり虫を食べる鳥の目をだますことができます。

　これは、鳥に食べられないためにやく立っているぎたいです。

　緑色をしたカマキリは、草や葉の中にまぎれてじっとしていると、どこにいるのか分からなくなります。そのために、気づかずに近よってくるこん虫を、かまの一げきでとらえて食べることができます。

　これは、えものをとるためにやく立っているぎたいです。

　このように、こん虫のぎたいは、自分のみをまもったり、えものをとったりするのにやく立っています。

　「ぎたい」とは、その虫が生きていくための大切な特長なのです。

学校図書『小学校国語』平成二十七年度　三年上　編集委員会

ムササビのひみつ

　森に日がくれるころ、木から木へ飛びうつるかげを見ることがあります。ムササビです。ムササビは、本州・九州・四国に生息する動物で、木から木へ、まるで飛ぶようにして移動します。

　どうしてムササビは、あんなに自由に木から木へ飛びうつることができるのでしょうか。

　ムササビが飛んでいる写真をよく見てください。前足と後足との間にまくが広がっています。どうやら、ここにひみつがありそうです。

　では、このまくの使い方について、ちょっと実験してみましょう。

　まず、図①のように、せん風機を回して、右手でうちわを持って風を受けてみましょう。うちわが風を受けて、右手全体で風の力を感じますね。

　次に、図②のように、うちわを風に対してななめにしてみましょう。すると、風の力で右手がうき上がるように感じます。

　ムササビのまくは、このうちわと同じように風を受けるはたらきをしていて、その時に起きるうき上がる力のおかげで、空中を飛ぶことができるのです。

　しかし、これだけでは、ムササビが木から木へと自由に飛び回るひみつが分かりません。

　もう一度、ムササビの様子をくわしく観察してみましょう。ムササビには、とても長い尾があります。木から木へと飛びうつるときには、この長い尾をうまく使っています。尾を船の後ろについているかじのようにうまく使って、飛びうつりたい方向へ行くことができるのです。

　ところで、ムササビはどうして木の上でくらしているのでしょうか。

　ムササビは、地上でえさをとることはまずありません。木の実や果実を食べて生きています。地上には、ムササビをおそう動物がいるので、下りるのはきけんなのです。だから、木から木へと自由に飛びうつり、木の上でえさをとる生き方をするようになったのです。

　昔は、山に続く神社の森などにふつうに見られたムササビですが、いつの間にか、めずらしい動物になってしまいました。それは、人間の生活する場所が広がったために、森や木がへり、ムササビがすむ場所がへってしまったからです。

　自ぜんの中で動物が安全にくらしていくためには、「えさをとる場所」の他に、「かくれる場所」と「休息する場所」、それに「はんしょくする場所」がひつようです。木から木へと飛びうつって生活するムササビにとって、これらの場所は全て木の上です。だから、ムササビには「ゆたかな森の木々」は、どうしてもひつようなのです。

　わたしたちの生活も大事ですが、森の生き物たちのくらしも大切です。だから、自ぜんの中にいる動物たちも自由に動き回り、くらしていけるように、みんなで考えたいものです。

学校図書「小学校国語」平成二十七年度　四年上　編集委員会

ほたるの一生

たちばな　こと

　なつの夜、小川のほとりを、小さな光がくるくるくるとびかっています。ほたるです。ほたるは、なんのために光り、どのように一生をすごすのでしょうか。

　七月のはじめごろ、ほたるのおすとめすは、光りはじめます。ほたるの光は、おすとめすの間のしんごうです。おすは、おしりの光を強くよわく光らせながら、木のはの上で光っているめすをさがしてとび回ります。そして、めすを見つけ、けっこんします。

　けっこんしたほたるのめすは、水べのこけに小さなたまごをうみつけます。一ぴきのめすがうむたまごの数は、五百こから千こにもなります。

　たまごをうみおえると、めすもおすもしんでしまいます。せい虫になってから、わずか十日ばかりのいのちです。

　たまごは、およそ一か月後によう虫になります。よう虫は、すぐに川の中へくぐり、水の中での生活をはじめます。

　水の中で、よう虫は、かわにななという貝の肉をたべてそだちます。よう虫は、なんどもだっぴをくりかえしてせい長します。

　つぎの年の四月のおわりごろ、かわになをたべて大きくなったよう虫は、雨のふる夜に水の中から出て、川ぎしに上がります。

　川ぎしに上がったよう虫は、やわらかい土にもぐりこみます。そして、まわりの土をかため、「土まゆ」という小さなへやを作ります。

　土まゆを作ってからやく五週間後、ほたるのよう虫は、ようやくさなぎになります。はじめは白っぽいさなぎの体は、時間がたつにつれて、だんだん色がこくなっていきます。

　さなぎになってからやく二週間後、ほたるは、とうとうせい虫になります。せい虫になったばかりの羽はまだやわらかく、色もうすい黄色です。そして、二、三日後、羽がかたく黒くなると、せい虫は土まゆをこわし、地上に出てきます。

　なつの夜、田んぼや小川のほとりで光っている数多くのほたるは、このようにして一生をすごしているのです。

学校図書「小学校こくご」平成二十七年度　三年上

あきあかねの一生

さとう ゆうぞう

　春になると、池や小川の水の中で、あきあかねの子どもが、たまごからかえります。二ミリメートルぐらいの小さな子どもで、やごとよばれます。

　やごは、何回も何回もかわをぬいで、大きくなっていきます。やごの体は、外がわがかたいかわになっています。それで、体がそだつために、かわをぬがなくてはならないのです。

　夏のはじめの夜、やごは水から出て、ちかくに生えている草をよじのぼっていきます。そうして、草のくきやはにしっかりつかまって、さいごのかわをぬぎます。せながわれはじめてから一時間ぐらいで、おとなのあきあかねになります。

　おとなになったばかりのあきあかねは、一日じゅうじっとしています。はねをかわかしているのです。ふつか目には、えさをさがしてとびはじめます。やがて、体に力がつくと、すずしい山へむかって、とんでいきます。

　秋になると、あきあかねは、また、池や小川にかえってきます。そうして、たまごをうんだあと、みじかい一生をおわります。

光村図書「こくご」平成元年度　二年上

花を見つける手がかり

吉原　順平

　もんしろちょうは、日本中どこにでもいるふつうのちょうです。みなさんも知っているように、もんしろちょうは、花に止まってそのみつをすいます。

　いったい、もんしろちょうは、何を手がかりにして、花を見つけるのでしょう。花の色でしょうか、形でしょうか。それとも、においをたよりにするのでしょうか。もんしろちょうにきいてみればわかるのですが、そんなわけにはいきません。

　日高敏隆先生と東京農工大学の人たちは、このぎもんをとくため、大がかりな実験をしました。

　実験には、たくさんのもんしろちょうが必要です。一度に百ぴき、二百ぴきというもんしろちょうを放し、花を見つける様子を映画のカメラで記録して、くわしく観察するためです。キャベツをうえきばちに青虫を育て、実験に使うもんしろちょうを用意しました。

　実験は、まず、花だんの花を使って始めました。花だんには、赤・黄・むらさき・青と、四種類の色の花がさいています。少しはなれた所でもんしろちょうを、いっせいに放しました。

　もんしろちょうは、いっせいに花だんに向かって飛んでいきます。もんしろちょうは、生まれながらに花を見つける力を身につけているようです。

　花だんにとまったちょうをくらべてみましょう。注意して見ると、ちょうのよく集まる花と、そうでない花とがあります。むらさきの花に集まっていますが、赤い花にはあまり来ていないようです。もんしろちょうは、色で花を見つけているのでしょうか。

　でも、そう決めてしまうのは、ちょっと早すぎます。たまたま、花だんに植えた赤い花が、においをあまり出していないのかもしれないからです。色かにおいか、一つ一つのことをたしかめるには、別の実験をしなければなりません。

　そこで、今度は、においのしないプラスチックの造花を使うことにしました。色は、花だんのときと同じ赤・黄・むらさき・青の四種類です。もんしろちょうを放すと、やはりまっすぐに造花に向かって飛んでいきたり、止まってみつをすうとするものもあります。プラスチックの造花には、みつもないし、においもありません。ですから、もんしろちょうは、においではなく、花の色か形にひかれていると考えられるでしょう。そして、造花の場合も、赤い花にはあまりやってきませんでした。

　次の実験では、花の代わりに四角い色紙を使ってみました。色紙にも集まってくれば、花の形が問題なのではなく、色だけが、もんしろちょうをひきつけているということになるでしょう。用意した色は、前と同じ四種類です。もんしろちょうは、色紙を花だと思ってくれるでしょうか。

　いよいよ、二百ぴきほどのもんしろちょうを放してみました。ただの紙なのに、やはりもんしろちょうは集まってきます。むらさきの色紙に止まるものもあります。黄色の色紙に止まるちょうは、長い口をのばして色紙を花だと思っているようです。

　集まり方を色別に調べてみました。最も多く集まったのがむらさき、次に多かったのが黄色、青に来たものは少なく、赤にはほとんど来ませんでした。念のため、赤い色紙にみつをつけたものを用意してみましたが、これにもちょうは来ませんでした。

　このような実験から、もんしろちょうは、色を手がかりにして花を見つけることがわかりました。そして、色を見分けることができるようで、むらさきや黄色は見つけやすく、赤は見えないらしいのです。

　「そんなことをいったって、赤い花にもんしろちょうが来ているのを見たことがあるよ。」と言う人がいるかもしれません。そういう人はちょっと思い出してください。赤い花の真ん中に、黄色のおしべ・めしべがありませんでしたか。もんしろちょうは、その黄色を目あてに、やってきたのでしょう。

　こん虫は、何も語ってくれません。しかし、考え方のすじみちを立てて、実験や観察を重ねていけば、その生活の仕組みをさぐっていくことができるのです。

教育出版「小学国語」平成二十七年度　四年上

手で食べる、はしで食べる

森枝 卓士

　おにぎりやすしを手で食べるように、ご飯を手で食べているインドや東南アジアの人たちを見て、初めはおどろきました。手がよごれることが気にならないのだろうか。どうして、はしやスプーンを使わないのだろう。

　次のページの写真を見てください。日本の米とインドの米とでは、形がちがうことに気づくでしょう。日本の米は丸く、インドの米は細長い形をしています。

　ちがうのは、形だけではありません。はしでつまんでみると、日本のご飯はつまみやすいけれど、インドのご飯はつまみにくく、こぼれ落ちてしまいます。手でつまんでみると、日本のご飯はねばり気があり、手にくっついてきますが、インドのご飯はさらさらして手につきません。

　日本のご飯はくっつきやすいので、はしで持ち上げて食べられます。一方、インドの細長い米でたいたご飯はくっつきにくいので、はしを使って食べるには不便です。

　また、インドの人たちは、他人が一度使った道具よりも、きれいかどうかが分かっている自分の手のほうが清けつだと考えています。さらに、食べるとき、食べ物そのものの味に加えて、食べ物にさわったときの感覚もいっしょに楽しんでいるのです。

　このように、米の形とせいしつのちがい、また、食に対する考え方のちがいが、手で食べるか、はしのような道具を使うかに分かれた理由だと考えられます。

　それでは、はしを使って食べるという習慣は、どこで生まれたのでしょうか。そして、はしは、どのように使われるようになったのでしょうか。

　はしは、三千年以上前に中国で生まれたようです。それ以前は手で食べていたということです。はしは、スープなどを飲むためのれんげやスプーンといっしょに使われていて、それが近くの国々に広まりました。日本も、最初ははしとスプーンのセットが入ってきましたが、木のちゃわんをもちやすかったため、スプーンは使わなくなり、はしだけになりました。

　はしでご飯を食べる所は、日本以外に韓国・中国・ベトナムなどがありますが、国によってその使い方や形がちがいます。

　例えば、韓国では、ご飯やスープをスプーンで食べて、おかずを取るときに、金ぞくのはしを使います。韓国では、金ぞくのうつわにご飯やスープを入れるのがふつうで、熱くて持ちにくいため、うつわを置いたまま食べます。それにはスプーンのほうが食べやすいのです。日本のように、ご飯のうつわを手で持つのは、韓国ではぎょうぎが悪いとされています。

　中国やベトナムのはしは、日本のものよりも長くなっています。大きな皿にもった料理をみんなの中央に置き、手元のはしで食べるからです。日本は、昔から一人一人のおぜんに料理をもったので、短いはしでよかったのです。

　また、日本のように家庭内でめいめいが自分せん用のはしを持っているのはめずらしいことです。日本の他に、モンゴルの人々が肉のかたまりを切り分けるナイフとはしがセットになったものを一人ずつ持っているぐらいで、「だれのはし」と決められていないことが多いです。

　このように、同じように中国から伝わった道具であるはしも、その形や使い方は、それぞれの国でちがうものになっていったのです。

　手で食べるか、はしで食べるか、またどんなはしでどのようにして食べるかということは、その国の食べ物や生活のしかたのちがい、つまり「文化」のちがいからきています。どのような方法で食べるかということは、それぞれの国の「文化」から生まれた人々のちえなのです。

学校図書「小学校国語」平成二十七年度　四年下

おわりに

漢字の学習で次のような問題を出しました。

> 次の漢字の1画目はどこ?
>
> 感　灰　皮　成　反

子どもたちは、「縦が先だ！」「横が先だ！」とそれぞれが、おのおのの思いを表現しました。

実は同じ問題を大人にも出してみましたが、驚くことに子どもの声とまったく同じなのです。「私はこう書く」「私はこっちを先に書く」とそれぞれの思いを主張するだけで、合意を得ることはありません。子どもたちのときと同じく、どちらを先に書くのかを明確にすることはできず、結局結論はうやむやのままで終わってしまいました。
そこには、この学習による学びも見られません。

この議論の場に次のような「原理・原則」（きまり）があったらどうでしょうか？

> **横画を貫く縦線があるときは縦線が先！**

すると、「感」「皮」「成」は、横画を貫く線があるので縦を1画目に書き、「灰」「反」は貫く線がないので横線を先に書くことがわかります。

漢字の筆順にもこのような「原理・原則」（きまり）があります。

さらに、この「原理・原則」（きまり）を知っていることは、似たような漢字、「城」や「坂」などの漢字の書き順にも応用できるのです。

ただ機械的に漢字を覚えただけでは、学んでいない漢字に出会ったとき

にその知識を応用して役立てることはできません。また、いわゆる「丸暗記」になってしまうため、一度は覚えても、どうしても忘れやすくなってしまいます。

しかし、「横画を貫く縦線があるときは縦線が先」という漢字の筆順の原理・原則を知っていれば、さまざまな漢字に汎用的に使うことができますし、覚えやすく忘れにくいとも言えるでしょう。

漢字の筆順を例にしましたが、このような「原理・原則」（きまり）は、読みの学習にも多くあります。

他教科では、議論の中で「原理・原則」（きまり）を活用することは、当たり前のように行われています。そこから、お互いが納得し合意を得られるという学びの姿が見えてきます。

国語ばかりが、このような納得や合意が得られないままの授業を続けて来たと言っても過言ではないでしょう。

「原理・原則」を共有した議論は、結論の共有にもつながります。また、子どもたちの、論理的に考え、表現する力にもつながっていきます。

「原理・原則」をとり入れることによって、国語の授業を通して、論理的に考え、表現できる子どもたちのすがたを求めていきたいと思います。

最後になりましたが、本書の企画や出版につきましていろいろとご意見、アイデアをいただき、ご協力してくださいました、文溪堂の岸保好様、佐竹哲夫様、そして、装文社の金子聡一様にお礼申し上げます。ありがとうございました。

明星大学　白石　範孝

編著者紹介

白石 範孝（しらいし のりたか）
1955年鹿児島県生まれ。
東京都の小学校教諭、筑波大学附属小学校教諭を経て、2016年から明星大学客員教授。現在に至る。使える授業ベーシック研究会理事長。著書に、『白石範孝のおいしい国語授業レシピ』『白石範孝の国語授業のフルコース』『3段階で読む新しい国語授業』①〜③『国語授業を変える「用語」』『国語授業を変える「漢字指導」』『国語授業を変える言語活動の「方法」』『まるごととらえる国語教材の分析』『国語の冒険』（文溪堂）、『白石範孝の国語授業の教科書』（東洋館出版社）など多数。

著者紹介（50音順）

江見 みどり（えみ みどり）　東京都武蔵野市立第四小学校
駒形 みゆき（こまがた みゆき）　東京都杉並区立杉並第七小学校
田島 亮一（たじま りょういち）　晃華学園小学校
野中 太一（のなか たいち）　神奈川県相模原市鶴園小学校

写真：佐藤正三（株式会社 スタジオオレンジ）
デザイン・DTP：野澤義彦・菅原純子（有限会社 野澤デザインスタジオ）
編集協力：金子聡一（株式会社 装文社）

国語授業を変える「原理・原則」Ⅰ 説明文編

2017年3月　第1刷発行
2022年6月　第2刷発行

編 著 者　白石範孝
発 行 者　水谷泰三
発 行 所　株式会社 文溪堂
　　　　　東京本社／東京都文京区大塚 3-16-12　〒112-8635
　　　　　　　　　　TEL（03）5976-1311（代）
　　　　　岐阜本社／岐阜県羽島市江吉良町江中 7-1　〒501-6297
　　　　　　　　　　TEL（058）398-1111（代）
　　　　　大阪支社／大阪府東大阪市今米 2-7-24　〒578-0903
　　　　　　　　　　TEL（072）966-2111（代）
　　　　　ぶんけいホームページ　http://www.bunkei.co.jp/

印刷・製本　サンメッセ株式会社

©2017 Noritaka Shiraishi Printed in Japan
ISBN978-4-7999-0226-4　NDC375　128P　257mm×182mm
落丁本・乱丁本はお取り替えします。定価はカバーに表示してあります。